Le kit
du chef de projet

Éditions d'Organisation
Groupe Eyrolles
61, bd Saint-Germain
75240 Paris Cedex 05

www.editions-organisation.com
www.editions-eyrolles.com

DU MÊME AUTEUR
CHEZ LE MÊME ÉDITEUR

Kit de conduite de projet, 2003
L'analyse des besoins, 2006

ISBN : 978-2-212-53836-6

Hugues Marchat

Le kit du chef de projet

Troisième édition

Deuxième tirage 2008

EYROLLES

Éditions d'Organisation

À mon père, qui fut un grand patron.

Remerciements

Je ne pouvais commencer ce livre sans remercier ceux qui ont contribué directement ou indirectement à son élaboration.

En premier lieu, la société Ed, et plus particulièrement son P-DG Jean-Pierre GRANIÉ, qui nous a fait confiance en nous missionnant pour former 50 chefs de projet, et cadres, afin de mettre en place une méthodologie simple et opérationnelle, et pour l'aider à lancer et piloter 30 projets majeurs pour 2002.

Ce travail a été réalisé en étroite collaboration avec Stéphanie GAY, qui a la lourde tâche d'assister les chefs de projet et d'être un relais méthodologique incontournable, et avec Denise FONTAINE qui nous a apporté son soutien et son expertise en ressources humaines et formation.

Yves SOTIAUX en tant que Directeur du service qui coordonne les projets nous a guidé vers les objectifs opérationnels de Ed.

La mission a été réalisée avec « l'incontournable » Christophe BAUS qui m'a soutenu dans les périodes de « surcharge », et aidé considérablement dans l'élaboration de la méthode et de son contenu. Nous avons pu ainsi coanimer les formations chez Ed dans les meilleures conditions possible.

Sommaire

Modes d'accès

Ce livre peut être utilisé de plusieurs façons suivant votre niveau de connaissance de la conduite de projets. Ainsi que vous soyez débutant ou expert vous pourrez ainsi mettre au mieux en œuvre les techniques de gestion de projet et vous gagnerez ainsi un temps précieux.
Entrez dans le tableau suivant à partir de votre niveau de connaissance de la conduite de projets, vous serez ainsi directement opérationnel.
Certains éléments comme les matrices des documents et les questions des check-lists sont aussi accessibles dans le CD.

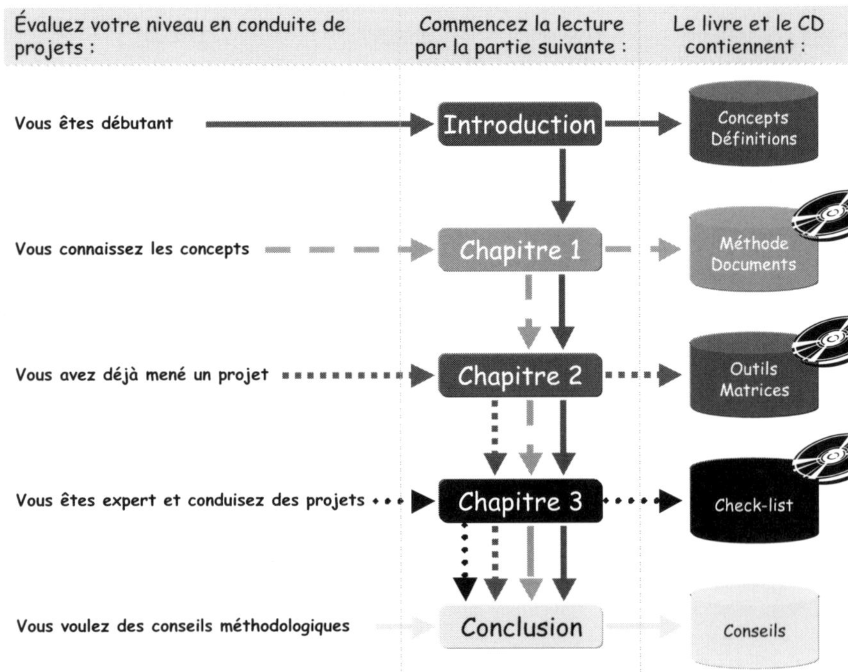

Préface

- Dans toutes les sociétés, petites ou grandes, les placards sont remplis d'études de consultants sur :
  - l'organisation ;
  - l'optimisation des coûts ;
  - de belles idées prospectives ;
  - etc.
- Les études restent souvent dans les placards. Pourquoi ?
  - soit parce qu'on les oublie vite (les rythmes dans les entreprises aujourd'hui sont effrénés) ;
  - soit parce que le dirigeant ne sait pas comment les faire aboutir par crainte de réactions hostiles, de non-adhésion de ses troupes ou toute forme de barrage au changement.
- Dans toutes les sociétés, il y a aussi les gens de l'encadrement « petit, moyen ou grand » qui ont des idées pour rendre leur service plus performant, leur environnement et donc leur entreprise, mais on les écoute peu ou pas, en tout cas pas assez.

Le cas Ed

Devant l'ampleur des changements à conduire, j'ai voulu mettre en place une organisation de progrès pour :

- éviter autant que possible devant l'ampleur et le nombre des projets de se heurter aux difficultés ;
- mixer des gens de tous horizons et de tout grade dans l'entreprise, mais identifiés comme ayant les plus grandes capacités à faire aboutir les projets confiés ;
- s'appuyer sur une méthodologie simple, facile à assimiler par tous et sur un suivi rigoureux des projets ;

– éviter le dévoiement d'un projet pour lequel la cible a mal été définie ;
– éviter des engagements financiers « in fine » qui n'ont plus rien à voir avec les projets initiaux ;
– s'assurer que les calendriers définis ne deviennent pas trop élastiques.

La méthode

- Le comité de direction définit tous les ans en séminaire, les grands objectifs facteurs de progrès pour Ed.
- Le même comité définit les cibles à atteindre et à quelle échéance ; certains projets ont des durées de vie longues, et il identifie une première liste des possibles meilleurs chefs de projets.

C'est à l'occasion du premier séminaire que j'ai décidé de faire appel à un cabinet spécialisé dans la conduite de projets pour :

- *Apprendre* aux sponsors et chefs de projets la façon d'aborder une tâche pour laquelle on n'a souvent jamais été formé.
- *Démystifier* l'ampleur de la tâche, sécuriser, donner confiance aux personnes en charge des projets par « l'apprentissage » à la conduite de projets, alors que la plupart d'entre elles sont figées d'effroi devant une responsabilité venant en sus de leur travail quotidien.
- *Apprendre* à structurer, conduire une réunion pendant laquelle on devra faire avancer des personnes avec lesquelles on n'a aucun lien hiérarchique ou de service.
- *Apprendre* à bâtir un squelette de fiche de projet, début indispensable et premier garde-fou contre les dérives.
- *Apprendre* à définir des besoins tant humains que financiers.

Le contrôle

D'abord, par considération pour ceux qui ont la charge des projets, le contrôle est indispensable pour détecter les dérives, les points de blocage, l'essoufflement des équipes, la perte de confiance ou encore l'incapacité quelquefois physique devant la surcharge de travail liée au projet.

Pour ce faire, un comité d'objectifs mensuel a été mis en place auquel assiste tout le comité de Direction.

Merci à Hugues Marchat et à son équipe d'avoir compris nos préoccupations et mon désir de simplicité et d'efficacité, dans la mise en place de la gestion de projets chez Ed et merci pour leur accompagnement.

À tous ceux qui liront ce livre, ils seront nombreux j'en suis sûr, bonne lecture et bonnes réflexions.

Jean-Pierre Granié
Président-directeur général
de Ed

Introduction
Une méthode en 3 phases pour gérer les « petits projets »

Cette introduction va permettre à ceux qui débutent en gestion de projet d'appréhender le vocabulaire de base. Ce vocabulaire leur permettra de mieux comprendre les développements qui vont suivre et de mettre en œuvre au mieux la méthode.

Que trouverez-vous dans cette introduction ?

Les définitions touchant aux thèmes suivants :

- La gestion de projet.
- Les objectifs.
- Les petits projets.
- Les organisations projet.
- Les acteurs d'un projet.
- Les outils de gestion de projet.
- La méthode de gestion de projet.

Quels sont les points importants ?

La gestion de projet ne comporte pas de difficultés particulières dans la compréhension de ses techniques. En effet, elle fait appel au bon sens, et au quotidien vous mettez en œuvre certaines de ces techniques.

Toutefois il faut être méfiant, car les difficultés apparaissent dans la mise en œuvre, celle-ci étant conditionnée par :

- Les résistances au changement des acteurs qui travailleront avec vous sur le projet.
- L'organisation de l'entreprise dans laquelle se passe le projet.
- Le niveau de délégation qui est donné au chef de projet.

- L'aptitude des managers qui voudraient que leurs équipes appliquent la méthode mais qui ne veulent pas la mettre en œuvre eux-mêmes.
- La culture du pays dans lequel le projet se déroule.

Ce qui est important avant tout, c'est de bien se comprendre. Lorsque vous aurez lu cette introduction assurez-vous que ceux qui travaillent avec vous sur le projet mettent les mêmes concepts derrière les mots que vous allez employer.

Faites un essai et demandez à un membre de votre équipe de définir un objectif, vous serez peut-être surpris de sa réponse ; quant à la définition d'un projet, les réponses laissent parfois rêveur…

Quelques questions…

Avant d'aborder l'aspect méthodologique il est nécessaire de définir ce qu'est un petit projet. À cet effet quelques questions essentielles méritent d'être posées :

- Qu'est-ce qu'un projet ?
- Q'est-ce qu'un objectif ?
- Qu'est-ce qu'un chef de projet ?
- Qu'est-ce que la gestion de projet ?
- Pourquoi se mettre en mode projet ?
- Quelles sont les caractéristiques d'un petit projet ?
- Quelles sont les organisations existantes pour gérer les petits projets ?
- Quels sont les acteurs impliqués dans un petit projet ?
- Quels sont les outils nécessaires à la gestion d'un petit projet ?
- Quels sont les apports d'une méthode ?

• Qu'est-ce qu'un projet ?

C'est avant tout une façon particulière de traiter un problème. Cette façon repose sur une grande anticipation. En effet, il va falloir au début du projet, imaginer tout ce que va être « l'histoire du projet » et raconter cette histoire avant qu'elle n'arrive ; c'est le principe du scénario.

Un projet est déclenché par une commande qui est passée au début du projet. Cette commande est plus ou moins explicite suivant le niveau préalable de « maturation du projet ». Dans certains cas, la commande est détaillée dans un cahier des charges qui précise ce que veut celui qui passe la commande. Celui qui passe la commande s'appelle le commanditaire.

Un projet est borné par des objectifs, qui imposent des contraintes de réalisation au projet.

Le projet consistera à fabriquer un produit. Le produit est ce qui va satisfaire le besoin du commanditaire. Le produit peut être physique et concret, ou moins palpable comme une étude ou un service.
Pour fabriquer le produit, il va falloir organiser les ressources nécessaires à sa fabrication. Les ressources d'un projet sont humaines (internes à l'entreprise ou sous-traitance), financières, matérielles, temporelles, …
Un projet est un ensemble fini, par exemple dans le temps, puisqu'il y a nécessairement un début et une fin.

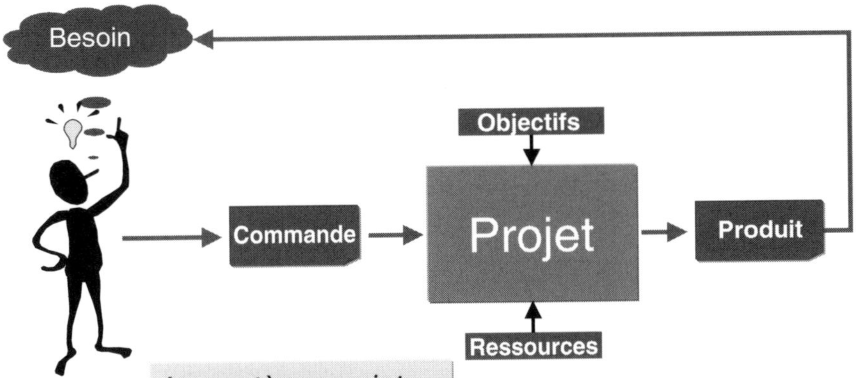

Le système projet

• Qu'est-ce qu'un objectif ?

Un objectif est une contrainte qui va être « imposée » au système projet afin qu'il se réalise dans un cadre. Ce cadre est imposé par le commanditaire.
Un projet comporte 3 niveaux d'objectifs :

- Les objectifs de qualité.
- Les objectifs de temps.
- Les objectifs de coût.

Objectifs de qualité

Ce sont tous les éléments qui vont « qualifier » le produit qui va sortir du projet. Ces éléments vont constituer les performances du produit ; ce sont ces performances qui vont satisfaire le besoin.

Objectifs de temps

C'est le calendrier dans lequel le projet doit se réaliser. Ce calendrier comporte une date de début du projet, une date de fin du projet, des échéances intermédiaires éventuelles.

Objectifs de coût

C'est la somme du coût des ressources nécessaires à la mise en œuvre du projet.

Un objectif doit répondre à un certain nombre de critères :

- Il doit être mesurable.
- Il doit être réalisable.
- Il doit pouvoir être négocié.
- Il doit être partagé.
- Il doit être individualisé.

Mesurable : car il faut pouvoir le visualiser et le comprendre, il doit donc être quantifié. Cela permettra par ailleurs de savoir si l'objectif a été atteint par la mesure des résultats à la fin du projet.

Réalisable : car il faut pouvoir atteindre l'objectif. L'objectif impliquera un engagement du chef de projet ; et pour que celui-ci s'engage sur les objectifs, il faut bien sûr que l'objectif soit atteignable.

Négocié : afin d'obtenir un engagement mutuel entre celui qui fixe l'objectif et celui qui se propose de l'atteindre, la négociation s'engage afin d'avoir un accord mutuel qui donne toutes les chances au projet d'aboutir.

Partagé : si l'objectif va être réalisé par un groupe de personnes il faut que cet objectif soit compris par toutes afin qu'il n'y ait aucune ambiguïté entre elles et sur le but à atteindre.

Individualisé : on ne fixe pas un objectif directement à un groupe de personnes. On s'assure que l'objectif a été réparti entre ces personnes et que chacune connaisse sa part d'objectif à atteindre.

Les 3 objectifs Coût/Qualité/Temps sont interdépendants entre eux et interagissent pendant le projet ; si on modifie un seul des objectifs en cours de projet, les deux autres objectifs vont être modifiés.

L'assemblage des 3 objectifs s'appelle le triangle de la performance.

• Qu'est-ce qu'un chef de projet ?

Le chef de projet est celui qui va s'engager à organiser et fédérer les ressources (humaines, matérielles, financières, temporelles...) afin d'atteindre les objectifs.

Le chef de projet s'engage vis-à-vis du commanditaire qui passe la commande.

Le chef de projet doit de manière périodique (au minimum 1 fois par mois), faire un état des lieux du projet au commanditaire.

L'état des lieux consiste à fournir des indicateurs d'avancement sur chacun des objectifs à savoir :

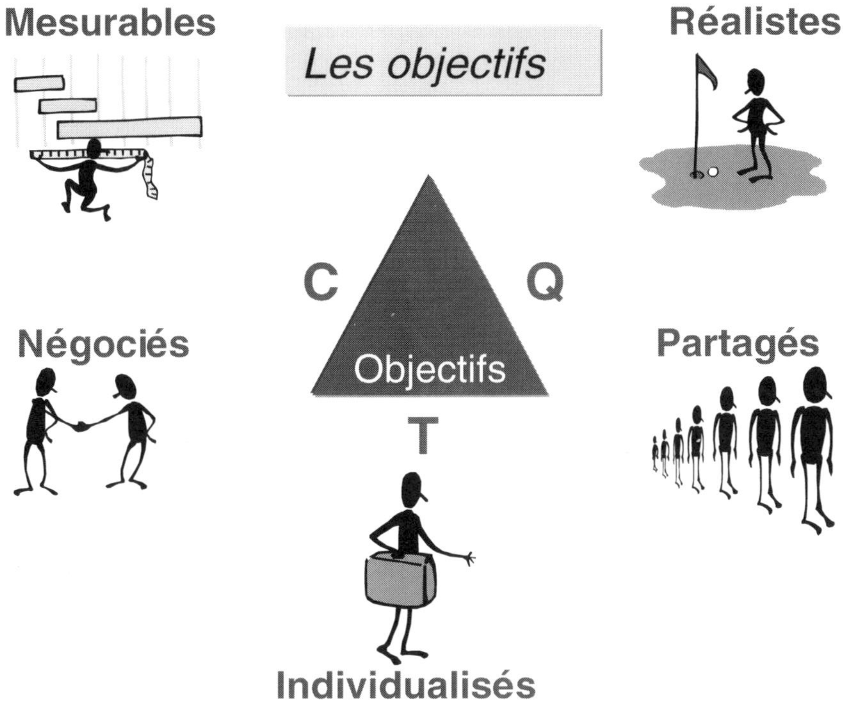

- Où en est le projet en matière de fabrication du résultat ?
- Où en est le projet par rapport au calendrier de réalisation prévisionnel ?
- Où en est le projet en matière de dépense des ressources ?

Le chef de projet peut être aussi appelé « porteur de projet ».

Le chef de projet n'a pas de rôle hiérarchique à proprement parler, c'est plutôt un chef d'orchestre, un coordinateur, un facilitant, c'est pourquoi l'appellation « chef » peut être mal interprétée.

Le chef de projet ne détient pas nécessairement l'expertise nécessaire à la réalisation du résultat, il doit alors s'entourer d'experts qui vont le conseiller et réaliser ou faire réaliser à sa place.

• Qu'est-ce que la gestion de projet ?

La gestion de projet est l'ensemble des actes organisationnels nécessaires à l'accomplissement du projet.

L'ensemble de ces actes est fondé sur le bon sens. Cependant le bon sens n'est en général pas suffisant pour réussir tous les projets. Si on additionne

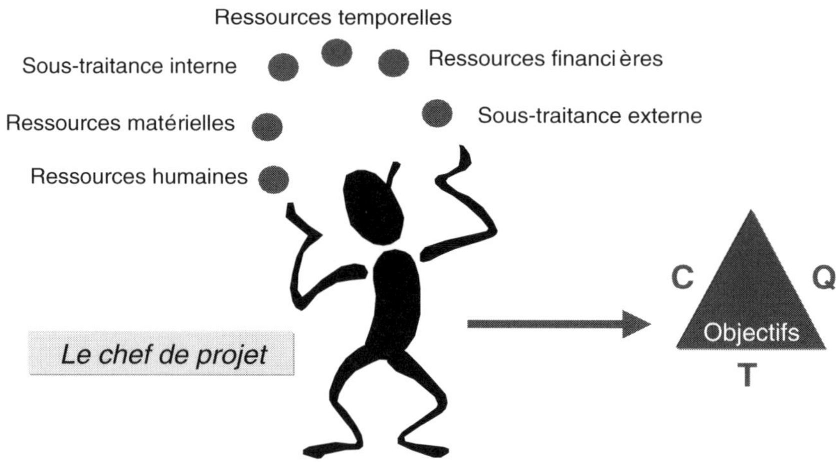

du bon sens et de la chance le projet peut réussir, mais il est difficile d'apprécier si ces conditions vont être réunies dans un projet.

La gestion de projet fournit des outils permettant de rendre ce bon sens opérationnel. En fait gérer un projet c'est se poser un certain nombre de questions (check-list) qui vont permettre d'anticiper ou de réagir face aux événements.

Les actes de gestion de projet sont :

- S'assurer que les objectifs sont clairs et bien compris de tous.
- Organiser la communication entre les acteurs du projet.
- Planifier les actions à entreprendre pour atteindre les objectifs.
- Chiffrer le budget et les ressources humaines nécessaires à l'accomplissement des tâches du planning.
- Analyser les éléments qui pourraient freiner l'atteinte des objectifs.
- Suivre le déroulement du projet et réajuster éventuellement les objectifs à atteindre.
- Faire un bilan pour tirer des enseignements du projet.

Les principales techniques à maîtriser sont :

- Les techniques de planification.
- Les techniques de communication.
- Les techniques d'analyse des risques.

L'ensemble des actions de gestion de projet est assemblé dans une méthode qui se présente sous la forme d'une « check-list » de tous les points auxquels le chef de projet doit penser pour que le projet réussisse.

Les techniques de gestion de projet sont applicables quel que soit le type de projet, qu'il s'agisse de construire une maison, de mener une étude, de fabriquer ou de lancer un produit...
Ceci explique que le chef de projet n'est pas nécessairement un expert du sujet mais surtout un chef d'orchestre de l'ensemble. Il est préférable d'avoir un chef de projet qui ne connaisse rien au produit qu'il fabrique et qui maîtrise la gestion de projet (il faudra bien sûr qu'il s'entoure d'experts), qu'un expert qui ne connaisse rien à la conduite de projet.
80 % des causes d'échecs dans les projets sont liées à 2 facteurs principaux :

- Objectifs pas clairs.
- Rôles des acteurs mal définis.

La gestion de projet répond à ces questions et lève ces ambiguïtés.
Quitte à être réducteurs pour diminuer considérablement les causes d'échecs dans les projets il suffirait de se poser ces 6 questions :

- Quels sont les résultats attendus ?
- À quelle date doit-on livrer ces résultats ?
- Quel est le budget nécessaire à l'atteinte de ces résultats dans le calendrier ?
- Qui décide ?
- Qui valide ?
- Qui fait quoi ?

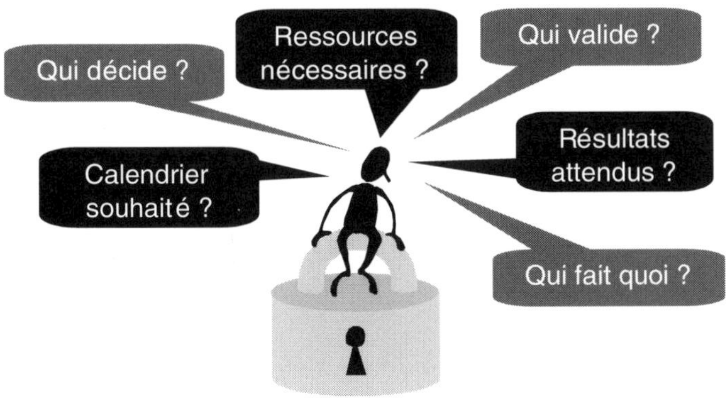

La gestion de projet

• Pourquoi se mettre en mode projet ?

Se mettre en mode projet c'est décider de donner toutes les chances à quelque chose d'aboutir. C'est aussi casser « la routine », faire travailler ensemble des personnes qui n'ont pas nécessairement l'habitude de le faire, c'est aussi associer des compétences complémentaires.
Se mettre en mode projet, c'est surtout mettre en place une certaine dynamique qui va permettre de motiver les acteurs qui vont participer au projet. Mais c'est aussi être ambitieux et privilégier la performance en se disant que l'on peut se dépasser et atteindre des objectifs que l'on ne pourrait atteindre dans un mode de fonctionnement courant.
Se mettre en mode projet, c'est acquérir un état d'esprit qui associe un esprit d'équipe à la transparence sur les objectifs à atteindre.
Se mettre en mode projet, c'est participer à une aventure technique et humaine, où l'on va prendre des risques.
L'état d'esprit du mode projet c'est :

- Travailler en équipe.
- Être transparent.
- Avoir des objectifs ambitieux.
- Mesurer et accepter les risques.
- Rechercher la performance.

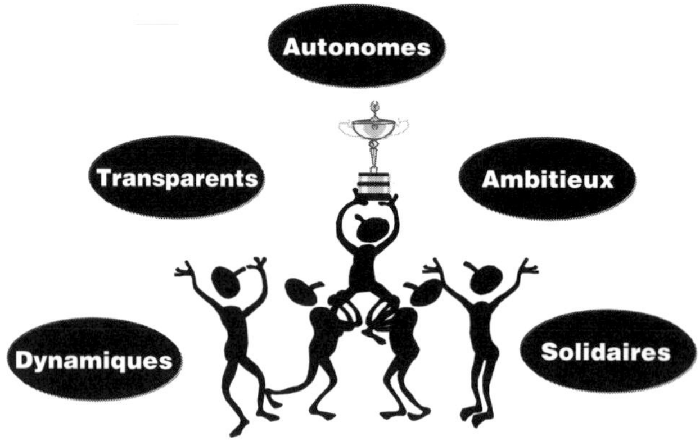

Le mode projet

Finalement la réussite d'un projet repose bien sur les hommes, c'est-à-dire ceux qui vont participer au projet. Le choix judicieux des personnes est absolument essentiel tout en sachant que l'équipe idéale est souvent une équipe hétérogène complémentaire qui pourrait être composée de la typologie suivante :

- *Le réalisateur* : homme ou femme d'action très proches du terrain.
- *Le guide* : homme ou femme, actifs mais sachant parfois prendre de la hauteur.
- *L'ancien* : mémoire du projet, qui a accumulé les expériences.
- *Le sage* : capable de conceptualiser et d'apporter une vue large du projet.
- *Le créatif* : peu structuré, mais apportant de la diversité et des éclairages nouveaux.

• Quelles sont les caractéristiques d'un petit projet ?

Les caractéristiques d'un petit projet peuvent être :

- Un petit nombre d'acteurs impliqués dans le projet.
- Un budget peu élevé.
- Des ressources partageant leur temps entre le projet et d'autres activités.
- Un périmètre technique très spécialisé.
- Un acteur qui remplira plusieurs rôles dans le projet.
- Des ressources matérielles partagées avec d'autres activités.

La caractéristique principale d'un petit projet est donc le partage des ressources (humaines, financières, matérielles, temporelles...) avec d'autres activités. Ce partage des ressources n'est souvent pas défini clairement.

Les conséquences du partage des ressources sont les suivantes :

- On travaille sur le projet quand on a le temps.
- Le budget affecté au projet est souvent amputé au profit d'autres activités.
- Le projet n'est pas vu par les acteurs comme une priorité.
- Le projet vient en surcharge des activités habituelles.
- Le projet n'est pas correctement planifié.
- Le projet est géré avec du bon sens mais peu de méthode.
- Il n'existe pas de lieu spécifique pour se réunir.
- Les documents du projet sont mélangés avec les documents des autres activités.
- Le chef de projet n'est pas clairement identifié.
- Les risques ne sont pas analysés.
- L'action prend le pas sur la réflexion.

Pourtant la taille d'un projet n'a rien à voir avec son importance, certains petits projets sont très stratégiques et nécessitent une véritable gestion de projet afin de leur donner des chances de réussir.

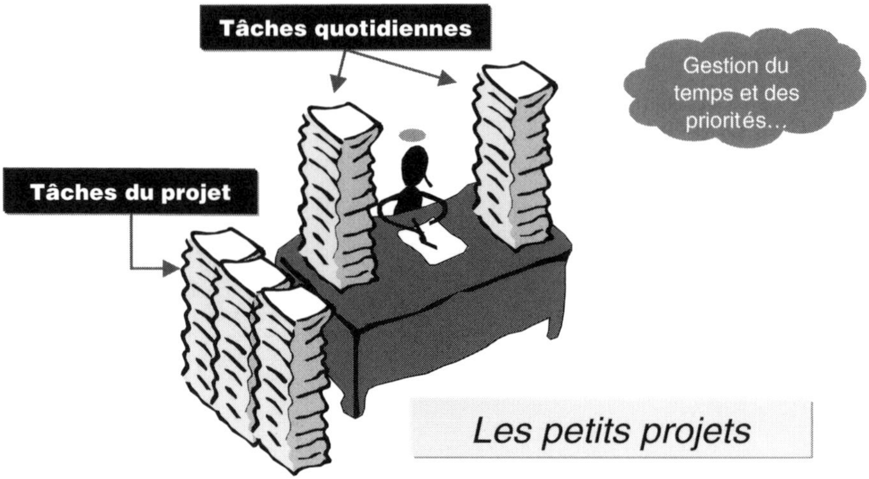

• Quelles sont les organisations existantes pour gérer les petits projets ?

Il n'existe pas à proprement parler d'organisation spécifique pour gérer les petits projets. Le petit projet partage souvent ses ressources avec le travail de tous les jours, voire avec d'autres projets, les ressources dédiées étant finalement assez rares.

Il serait pourtant nécessaire d'avoir une ressource principale, l'idéal étant que ce soit le chef de projet, à qui la priorité est donnée en terme de temps ou de résultat :

- Soit il consacre plus de 50 % de son temps au projet,
- Soit c'est sur la réussite du projet qu'il sera jugé.

Lorsque le projet est suffisamment important il est préférable d'avoir une petite équipe qui consacre beaucoup de temps au projet qu'une grande équipe qui consacre peu de temps au projet. En clair, il faut répartir le travail sur le moins de personnes possible.

La répartition de la charge du projet sur un nombre réduit de personnes permet de réduire les temps de coordination (réunions) très consommateurs de temps et d'énergie.

Évidemment cela n'est possible que si l'expertise nécessaire à la réalisation du projet peut être concentrée sur un nombre réduit de personnes.

En tout état de cause et si c'est possible, c'est l'organisation de type « task force » qui doit être privilégié car c'est elle qui donne toutes les chances au projet de réussir. La task force est une équipe qui est entièrement dédiée au projet. Ce groupe est « isolé » afin que les ressources se concentrent sur le projet.

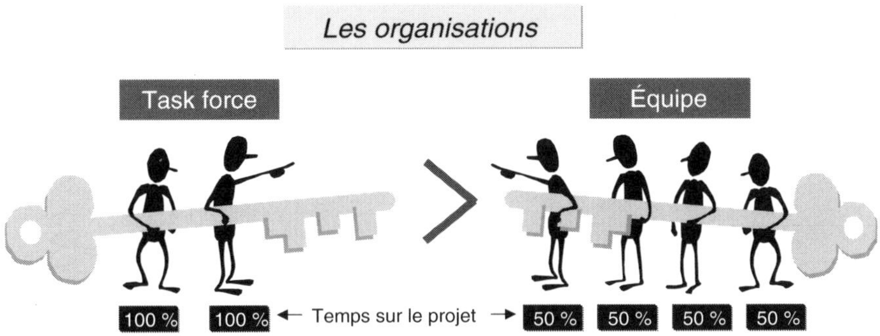

• Quels sont les acteurs impliqués dans un petit projet ?

Les acteurs impliqués dans les petits projets sont :

- Le commanditaire.
- Le chef de projet.
- Les experts.
- Les ressources.

Le commanditaire : c'est l'acteur qui va passer la commande du projet, qui peut nommer le chef de projet, ce peut être celui qui a été générateur de l'idée initiale. Le commanditaire a pour responsabilité de s'assurer tout au long du projet que le projet reste conforme aux objectifs.

Le chef de projet : c'est l'acteur qui va s'engager sur l'atteinte des objectifs du projet. Il devra de manière périodique fournir des indicateurs sur l'avancement des objectifs au commanditaire.

Les experts : ce sont les acteurs qui vont apporter l'expertise nécessaire au chef de projet dans les domaines qu'il ne maîtrise pas. Cette expertise va notamment servir en phase de préparation du projet pour la planification prévisionnelle. Les experts peuvent dans certains cas piloter et coordonner les ressources.

Les ressources : ce sont les acteurs qui vont exécuter les tâches du planning qui permettront de fabriquer le résultat. Ces ressources peuvent être regroupées en équipe par domaine de compétences.

Plus le projet est petit plus les rôles des ressources vont être confondus. On peut ainsi imaginer que quelqu'un qui aurait une idée, et qui déciderait de la réaliser entièrement seul pourrait en fait avoir tous les rôles dans son propre projet.

Néanmoins, même si on est seul, tous les rôles doivent être remplis au risque d'avoir des dysfonctionnements graves dans le projet. On peut ainsi comparer une course autour du monde en bateau en équipage où l'on va trouver le skipper, le navigateur, le cuisinier, le responsable des manœuvres, les équipiers avec une course en solitaire où un seul homme va remplir tous les rôles sans exception.

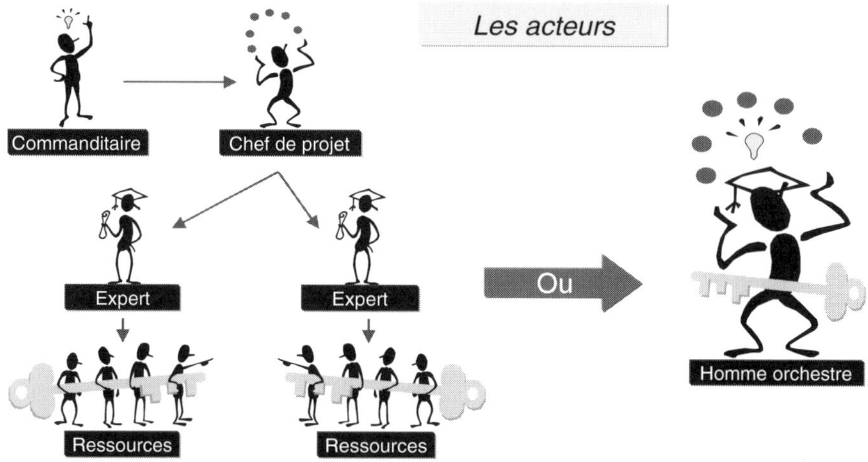

• Quels sont les outils nécessaires à la gestion d'un petit projet ?

Un petit projet, comme un grand, doit être géré avec méthode. Une méthode est un ensemble d'étapes structurées qui guident le chef de projet pas-à-pas dans la gestion du projet. Pour réaliser les étapes de la méthode, il est nécessaire de mettre en œuvre des techniques, et ces techniques sont mises en œuvre avec des outils. La mise en œuvre des outils donne lieu à la fabrication de livrables qui sont les documents qui « traceront » la vie du projet. Les outils qui vont être mis en œuvre dans la gestion de projet sont :

- La formulation de la commande.
- La fixation des objectifs.
- La communication.
- La planification des tâches.
- La gestion des coûts.
- L'analyse des risques.
- La conduite de réunion.
- La présentation de projet.
- Le reporting des tâches.
- La capitalisation.

Chacun des outils va donner lieu aux livrables suivants :

- La commande du commanditaire.
- La note de cadrage.
- Le plan de communication.
- Le planning détaillé.
- Le budget détaillé.
- La grille d'analyse des risques.
- Le compte rendu de réunion.
- La revue de projet.
- La fiche de reporting.
- La grille de bilan.

Chacun des documents est incontournable, quelle que soit la taille du projet l'absence d'un des documents impliquera des dysfonctionnements majeurs dans le projet.

La mise en œuvre des techniques permettra d'augmenter les chances de réussite du projet, mais permettra aussi de capitaliser pour les autres projets en gardant des traces écrites de tous les événements du projet. L'expérience acquise devient donc réutilisable pour soi mais aussi pour les autres.

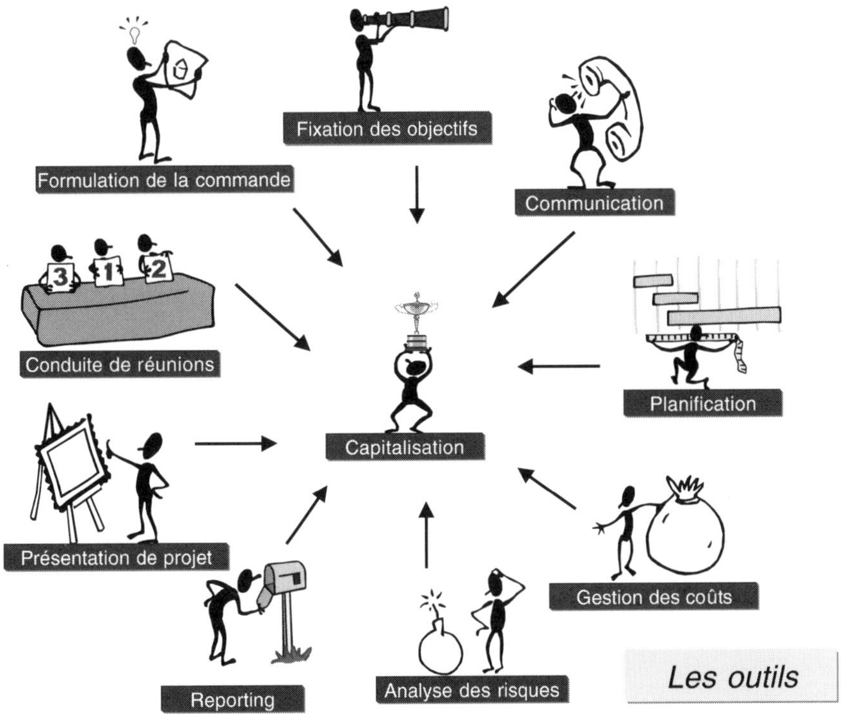

• Quels sont les apports d'une méthode ?

Une méthode offre un certain nombre d'apports à savoir :

- Un langage commun aux acteurs qui l'utilisent.
- Une garantie de reproductibilité de la façon de faire.
- La possibilité de consolider les données de plusieurs projets.
- Un garde-fou pour le chef de projet.
- Un fil rouge pour mener les actions.

La méthode est une garantie de créativité car elle permet de se libérer l'esprit des tâches organisationnelles pour se consacrer au cœur du sujet.

La méthode nécessite de prévoir un « budget » temps pour la mettre en œuvre ; on considère que la mise en œuvre d'une méthode de gestion de projet coûte environ 20 % du budget total du projet mais qu'elle permet de réduire de 50 % le taux d'échec dans les projets. C'est donc un investissement hautement rentable.

Par ailleurs, il faudra prévoir un budget supplémentaire pour la première mise en œuvre de la méthode car certaines techniques nécessitent une phase d'apprentissage. Il faut donc accepter sur un premier projet d'investir du temps supplémentaire, soit environ 10 % du budget total du projet.

Le principe de base étant d'accepter d'investir du temps pour en gagner après.

• Les 10 points à retenir

1. **Un projet est un ensemble fini qui part d'une commande pour aboutir à un produit.**
2. **Le triangle de la performance est composé des objectifs de qualité, de coût et de temps.**
3. **Le chef de projet s'engage sur l'atteinte des objectifs.**
4. **80 % des échecs dans les projets sont liés à des objectifs pas clairs ou des rôles mal définis.**
5. **Se mettre en « mode projet » c'est avant tout avoir un état d'esprit centré sur l'esprit d'équipe et l'atteinte des objectifs.**
6. **La gestion d'un petit projet nécessite la mise en œuvre des techniques de gestion du temps des ressources humaines.**
7. **Il vaut mieux avoir peu de ressources dédiées au projet que beaucoup de ressources partagées avec d'autres projets ou d'autres tâches.**
8. **Dans une organisation projet tous les rôles doivent être remplis : commanditaire, chef de projet, experts et ressources.**
9. **La mise en œuvre des outils se traduit nécessairement par des documents qui servent à la gestion du projet.**
10. **Le temps investi dans la mise en œuvre d'une méthode est toujours très rentable.**

En quoi consiste la méthode proposée ?

La méthode comporte 3 éléments :

- Des phases.
- Des fiches.
- Des livrables.

• Les 3 phases de la méthode

La méthode comporte 3 phases.

Une phase contient un certain nombre de fiches, elle correspond à une grande étape de la vie d'un projet.

Les phases de la méthode sont :

1. Préparer.
2. Piloter.
3. Progresser.

La phase **préparer** est la plus importante en terme de méthodologie. En effet elle permet entre autres de lever les 2 ambiguïtés qui sont à l'origine de 80 % d'échecs dans les projets : La clarification des objectifs et des rôles. Cette phase contient 7 fiches.

La phase **piloter** est celle qui se déroule conjointement avec la réalisation du résultat ; c'est une phase qui va consister à vérifier l'état d'avancement des objectifs, à fabriquer un tableau de bord de suivi du projet et à rendre compte au commanditaire de l'état d'avancement. Cette phase contient 2 fiches méthodologiques qui vont être utilisées plusieurs fois pendant toute la durée de la fabrication du produit.

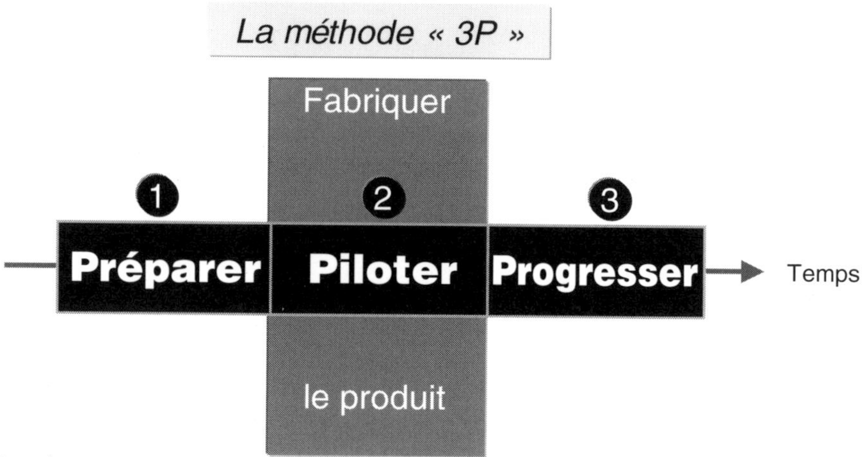

La phase **progresser** est déroulée lorsque le projet est terminé au sens fabrication du produit. Cette phase va permettre de faire un bilan du projet et de capitaliser sur les expériences vécues pendant le projet.

• Les 10 fiches de la méthode

La méthode contient 10 fiches réunies dans la première partie de ce livre. Ces fiches permettent au chef de projet d'avoir une « check-list » des actions à entreprendre à chaque étape de la vie du projet.

Les fiches de la phase **préparer** sont :
1. Formuler la demande et la présenter.
2. Mettre la commande en mode projet.
3. Définir les objectifs de communication.
4. Construire le planning détaillé.
5. Chiffrer les coûts.
6. Analyser les risques.
7. Valider le cadrage du projet.

Les fiches de la phase **piloter** sont :
8. Mettre à jour la planification.
9. Assurer le reporting.

La fiche de la phase **progresser** est :
10. Faire le bilan du projet.

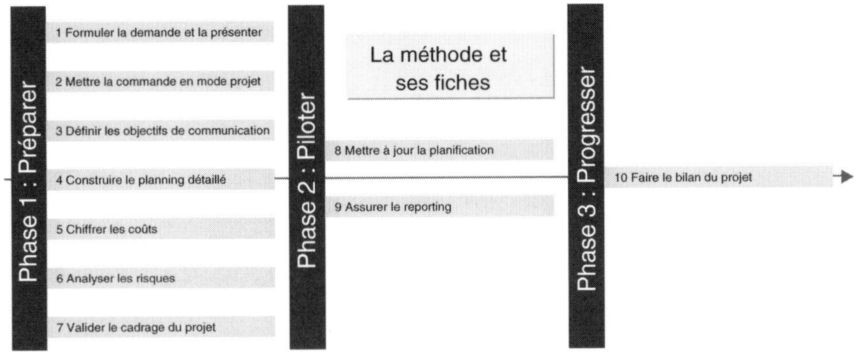

La fiche 1 « **Formuler la demande et la présenter** »

C'est un acte de réflexion réalisé par le commanditaire qui va évaluer la faisabilité de son projet avant de le confier à un chef de projet. Cette demande va ensuite être formulée dans un document. Il va ensuite choisir un chef de projet et lui présenter sa demande. Le temps nécessaire à cette formulation est directement dépendant de la complexité du projet.

La fiche 2 « **Mettre la commande en mode projet** »

Cette fiche est réalisée par le chef de projet qui, à partir de la commande, va la décliner dans le triangle de la performance (coût/qualité/temps) afin de la rendre plus opérationnelle et compréhensible. C'est aussi dans cette fiche que le chef de projet prendra en compte tout le contexte du projet.

La fiche 3 « **Définir les objectifs de communication** »

Cette fiche consiste à demander au commanditaire s'il a prévu une stratégie de communication et à lui proposer une organisation de la communication pour l'ensemble du projet. Cette fiche est certainement une des plus difficiles à mettre en œuvre car elle dépend du contexte humain du projet qui est parfois très difficile à appréhender.

La fiche 4 « **Construire le planning détaillé** »

Cette fiche fait appel aux techniques de planification. Elle consiste à réaliser un planning détaillé de l'ensemble du projet en listant l'ensemble des tâches qui doivent être réalisées par les ressources du projet. C'est aussi à ce moment que l'on va réaliser les arbitrages relatifs aux conflits de ressources lorsque ces mêmes ressources vont être en sur-utilisation.

La fiche 5 « **Chiffrer les coûts** »

Cette fiche consiste à décider du périmètre des coûts à affecter au projet, puis à décider des coûts de chacune des ressources. Ensuite à partir du planning détaillé des tâches et des ressources affectées à ces tâches, le chef de projet va calculer le budget nécessaire à l'accomplissement de chaque tâche, puis à l'accomplissement du projet.

La fiche 6 « **Analyser les risques** »

Cette fiche permet une grande anticipation sur les évènements prévisibles qui pourraient advenir en cours de projet. Il va falloir imaginer tout ce qui pourrait arriver et nuire à l'atteinte des objectifs, puis mettre en place des actions préventives et curatives qui vont limiter les risques.

La fiche 7 « **Valider le cadrage du projet** »

Cette fiche vient clore la phase de préparation. Elle va permettre de valider la cohérence globale du projet et de s'assurer une nouvelle fois de sa faisabilité. Cette fiche permettra de sceller un contrat entre le commanditaire et le chef de projet, contrat qui sera un engagement mutuel entre les 2 parties sur les conditions de réalisation du projet.

La fiche 8 « **Mettre à jour la planification** »

Cette fiche permet de récupérer les informations auprès des ressources qui réalisent les tâches du planning de manière périodique et de mettre à jour le planning pour l'ensemble du projet. Ces actions de mises à jour sont ensuite suivies d'éventuels réajustements notamment lors des retards pris dans l'exécution des tâches.

La fiche 9 « **Assurer le reporting** »

Cette fiche permet de mettre en forme et communiquer les éléments de suivi du projet aux différents acteurs du projet et notamment au commanditaire. À la suite de ces actions de reporting un certain nombre de décisions vont être prises et des actions de réajustement du projet vont être mises en œuvre.

La fiche 10 « **Faire le bilan du projet** »

Cette fiche vient clore la méthodologie ; elle permet de réaliser une dernière réunion avec les différents acteurs du projet, de faire un bilan des points forts et des points faibles du projet, et de décider de plans d'actions à mettre en œuvre lors d'un prochain projet en termes de méthode ou de fabrication du produit, si le thème du projet est similaire.

• Les 10 livrables ou documents de la méthode

La méthode contient 10 livrables réunis dans la deuxième partie de ce livre. Les livrables sont les documents qui illustrent la mise en œuvre des outils décrits dans les fiches de la méthode.

Les livrables seront décrits de manière détaillée dans le 2e chapitre. Des matrices de ces livrables réalisées sous Word, Excel et Power Point sont à disposition du lecteur dans le CD joint à cet ouvrage.

Les livrables sont :

1. La commande du commanditaire.
2. La note de cadrage.
3. Le plan de communication.
4. Le planning détaillé.
5. Le budget détaillé.
6. La grille d'analyse des risques.
7. Le compte rendu de réunion.

8. La revue de projet.
9. La fiche de reporting.
10. La grille de bilan.

Certains livrables peuvent être utilisés dans plusieurs fiches, ainsi avons-nous l'assemblage suivant entre les phases, les fiches et les livrables :

La commande du commanditaire

1
Commande
du commanditaire

C'est le document initial qui va lancer le système projet. C'est un document renseigné par le commanditaire du projet qui va expliquer ses souhaits et les conditions de réalisation du projet Ce document est en quelque sorte le « cahier des charges » du produit et du projet. Cependant lorsque la demande est complexe il est souhaitable de réaliser un véritable cahier des charges qui explicitera en détail les résultats attendus.

La note de cadrage

2
Note
de cadrage

Ce document est réalisé par le chef de projet. Il va servir à transformer une commande en un projet. La commande va être formulée en termes d'objectifs afin que le chef de projet et le commanditaire puissent obtenir un accord commun sur les résultats attendus. C'est aussi dans ce document que seront précisés les éléments du contexte du projet. Ce document est certainement le plus important de tous les documents de la méthode, car il va servir de contrat entre les acteurs du projet et restera un référentiel permanent pendant toute la vie du projet.

Le plan de communication

3
Plan
de communication

Ce document va formaliser toute l'organisation de la communication dans le projet. Ce travail est le fruit d'une réflexion conjointe entre le commanditaire et le chef de projet. Ce travail est difficile et doit être réalisé avec soin, notamment dans les projets où il existe des problématiques humaines. Par exemple en matière de résistances, une bonne communication est un des premiers facteurs de réussite.

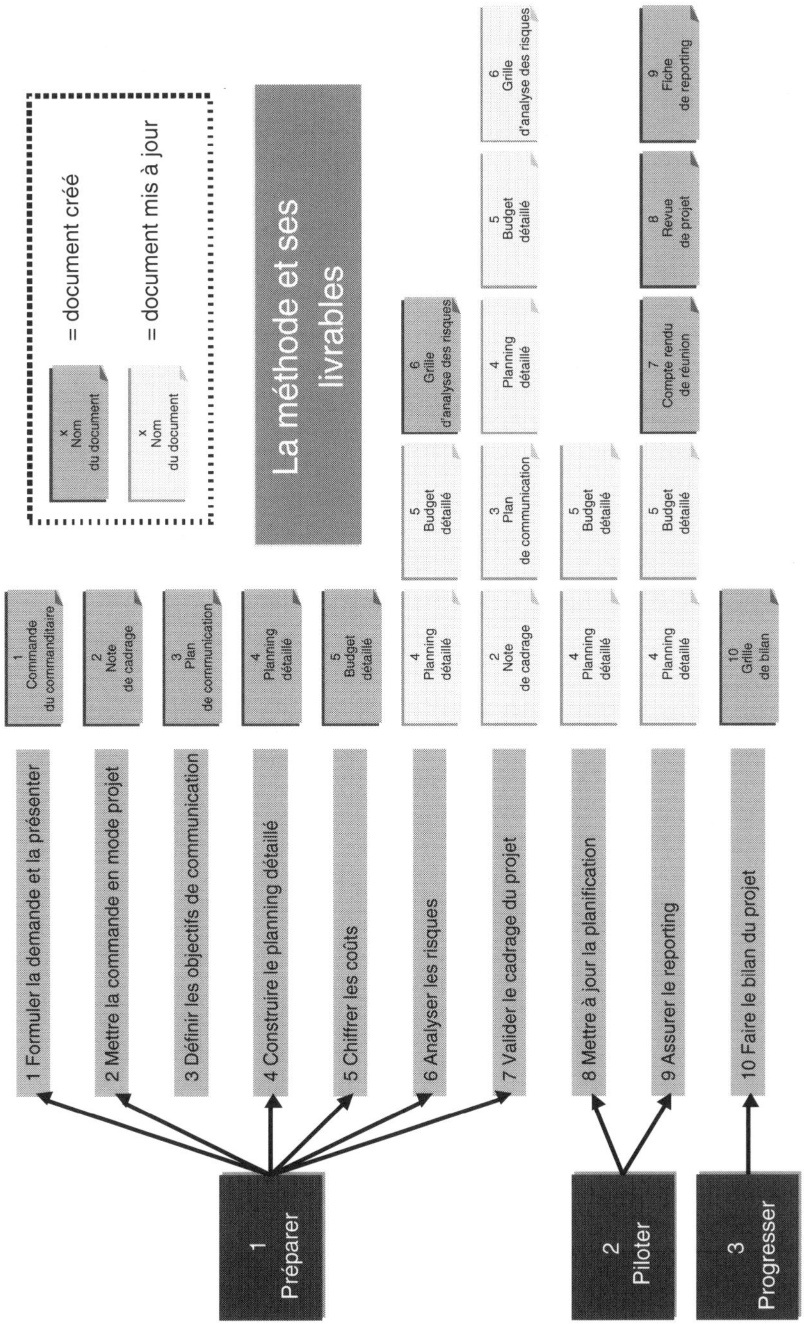
La méthode et ses livrables
x Nom du document = document créé
x Nom du document = document mis à jour
1 Préparer
2 Piloter
3 Progresser
1 Formuler la demande et la présenter
2 Mettre la commande en mode projet
3 Définir les objectifs de communication
4 Construire le planning détaillé
5 Chiffrer les coûts
6 Analyser les risques
7 Valider le cadrage du projet
8 Mettre à jour la planification
9 Assurer le reporting
10 Faire le bilan du projet
1 Commande du commanditaire
2 Note de cadrage
3 Plan de communication
4 Planning détaillé
5 Budget détaillé
4 Planning détaillé
5 Budget détaillé
6 Grille d'analyse des risques
2 Note de cadrage
3 Plan de communication
4 Planning détaillé
5 Budget détaillé
6 Grille d'analyse des risques
4 Planning détaillé
5 Budget détaillé
4 Planning détaillé
5 Budget détaillé
7 Compte rendu de réunion
8 Revue de projet
9 Fiche de reporting
10 Grille de bilan

Le planning détaillé

4
Planning
détaillé

Ce document nécessite beaucoup de rigueur dans sa construction et fait appel aux techniques de planification décrites plus loin. Le planning est élaboré conjointement entre les experts et le chef de projet. Le planning détaillé va constituer un des éléments essentiels du tableau de bord du chef de projet. Le planning est un livre de route indispensable pour un bon pilotage du projet.

Le budget détaillé

5
Budget
détaillé

Ce document est établi à partir des tâches du planning détaillé. Pour chacune des tâches du planning, les ressources et leurs coûts associés vont être comptabilisés afin de calculer le budget nécessaire à la réalisation du projet. Ce budget sera actualisé au fur et à mesure des évènements qui se dérouleront en phase de pilotage.

La grille d'analyse des risques

6
Grille
d'analyse des risques

Ce document est le fruit d'une réflexion tendant à imaginer tous les évènements qui pourraient arriver en phase de pilotage et qui pourraient nuire à l'atteinte des objectifs du projet. Cette grille sera complétée par les actions préventives et les actions curatives à mettre en place ou à prévoir dans des scénarios de secours.

Le compte rendu de réunion

7
Compte rendu
de réunion

Ce document va servir à la fois de document préparatoire aux réunions de pilotage du projet, mais aussi de document pour consigner les décisions prises au cours de la phase de pilotage. Un compte rendu sera réalisé pour chaque réunion, que ces réunions soient tenues avec les experts et avec les ressources, ou avec le commanditaire.

La revue de projet

8
Revue
de projet

Ce document est une présentation officielle des étapes de pilotage. Il sert au chef de projet à réaliser une communication soignée de la vie du projet. Ces éléments sont destinés, soit au commanditaire du projet, soit pour réaliser des communications vers des acteurs externes au projet ou à l'entreprise. Ces communications vont servir, soit à valoriser le projet et ses résultats, ou à valoriser le chef de projet et les acteurs qui travaillent avec lui sur le projet.

La fiche de reporting

9
Fiche
de reporting

C'est un document qui va permettre aux ressources qui vont accomplir les tâches du planning de fournir des informations sur l'état d'avancement des tâches qui leur ont été confiées. Il est indispensable que ces informations soient écrites et présentées toutes de la même façon, pour permettre au chef de projet de les consolider au niveau du projet afin de mettre à jour les éléments du tableau de bord, et notamment le planning.

La grille de bilan

10
Grille
de bilan

C'est le document final de la méthode qui va permettre de dégager les points forts et points faibles du projet. À la suite de cette analyse, un plan d'action sera établi afin de pouvoir améliorer la manière de gérer les prochains projets. Cette grille de bilan peut faire l'objet d'une communication à d'autres acteurs afin qu'ils puissent capitaliser sur les expériences vécues.

La méthode peut être caractérisée uniquement par l'intermédiaire de ses livrables. Ainsi une logique s'installe dans la création des différents documents au fur et à mesure du déroulement méthodologique. Le chef de projet qui aura compris l'intégralité de la méthode pourra ainsi faire abstraction des fiches et gérer son projet uniquement avec la mise en œuvre des documents.

Toutefois faire abstraction des repères méthodologiques donnés dans les fiches nécessite une bonne maîtrise et une expérience suffisante en conduite de projets.

Comment utiliser la méthode proposée ?

Les fiches de la méthode sont numérotées de manière séquentielle, cependant il est évident que sur le terrain certaines fiches peuvent être mises en parallèles pour gagner du temps, ou tout simplement car certains éléments d'une fiche sont complémentaires d'une autre.

Une méthode n'est donc pas « un système à cliquet » qui ne permet pas de revenir en arrière.

Toutefois le découpage des phases reste très important ; en effet il est très risqué de se lancer dans le pilotage sans avoir déroulé de manière exhaustive les 7 fiches de la phase de préparation. De la même façon, il est inutile

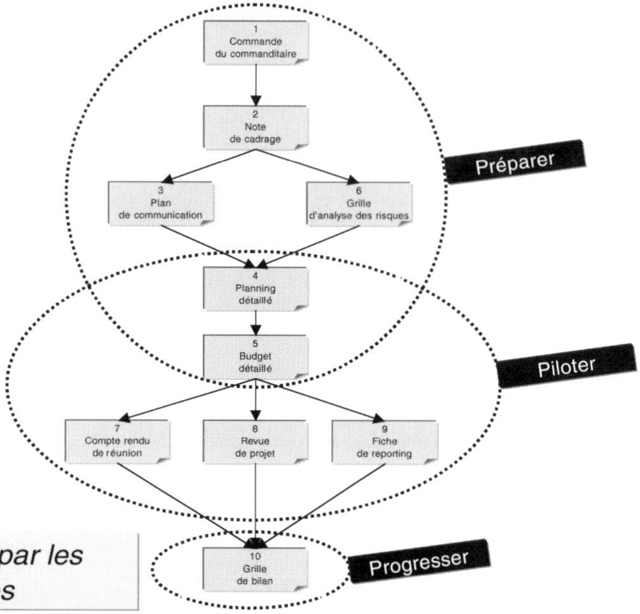

La méthode par les livrables

de vouloir faire un bilan si au cours de la phase de pilotage, on a négligé de remplir les documents qui assurent la trace des évènements du projet.

La méthode est ainsi itérative même si certaines étapes sont incontournables dans le but de rester dans une zone de risques minimale.

Le fonctionnement de la méthode

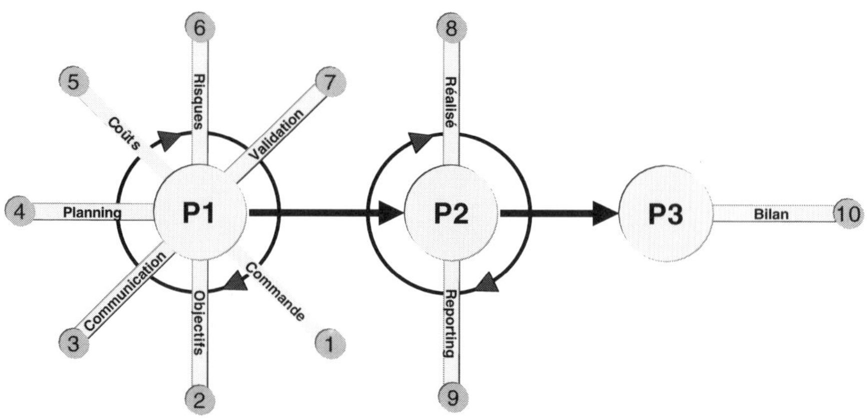

Comment fonctionne ce guide méthodologique

Le guide méthodologique est constitué de 10 fiches réunies dans la première partie de ce livre. Pour chacune des fiches vous trouverez un descriptif synthétique récapitulant :

- Le ou les acteurs concernés par la fiche.
- Le ou les acteurs destinataires des documents qui vont être générés par la fiche.
- Le nom du document qui peut être utilisé pour réaliser les actions déclenchés par la fiche.
- Le type de document contenu dans le CD (Word/Excel/Power Point).
- Les actions à entreprendre par celui qui remplit la fiche.
- Des remarques qui correspondent aux dysfonctionnements majeurs rencontrés dans les projets.

La fiche est ensuite suivie d'un descriptif de la mise en œuvre des actions à entreprendre. La description de chaque action se termine par quelques conseils.
La fiche se termine par une liste de 10 points importants à retenir.

Première partie
10 fiches à l'usage de ceux qui débutent dans la gestion de projet

Cette partie est destinée à ceux qui débutent dans la gestion de projet. Elle permet une approche méthodologique progressive et simple de la gestion de projet. L'introduction ayant déjà permis d'aborder le vocabulaire qui sera utilisé tout au long du chapitre.

Que trouverez-vous dans cette partie ?

- Une présentation détaillée de la méthode et de son architecture.
- Une présentation des 10 fiches de la méthode.
- Une présentation des documents qui peuvent être mis en œuvre dans la méthode. Le détail et la présentation des documents sont réalisés dans le chapitre 2.
- Un schéma général qui montre la démarche méthodologique à travers la mise en œuvre des documents.
- Une explication du fonctionnement de la méthode.

Pour chaque fiche méthodologique vous trouverez :

- Une présentation générale de la fiche avec les acteurs, les actions à entreprendre, les documents mis en œuvre, les remarques importantes.
- Le détail des actions à entreprendre avec des conseils.
- Les 10 points à retenir.

Quels sont les points importants ?

Cette partie demande un peu plus d'investissement en temps que les autres dans la mesure où elle nécessite une lecture approfondie de chaque fiche.

Il ne faut pas nécessairement chercher dès le premier projet, à mettre en œuvre toutes ces techniques au risque de vous décourager. La mise en œuvre peut être progressive d'un projet sur l'autre en vous fixant des objectifs de progression réalistes.

Ainsi vous choisissez une technique à mettre en œuvre sur un seul projet et lorsque cette technique est acquise vous en ajoutez une autre sur le projet suivant. Vous n'alourdirez pas trop votre charge de travail et ces techniques deviendront des automatismes qui vous serviront d'ailleurs aussi dans d'autres circonstances que dans la gestion de projet.

Ce qu'il faut retenir :

- La gestion de projet c'est avant tout un état d'esprit, une manière de fonctionner.

1 – Formuler la demande et la présenter

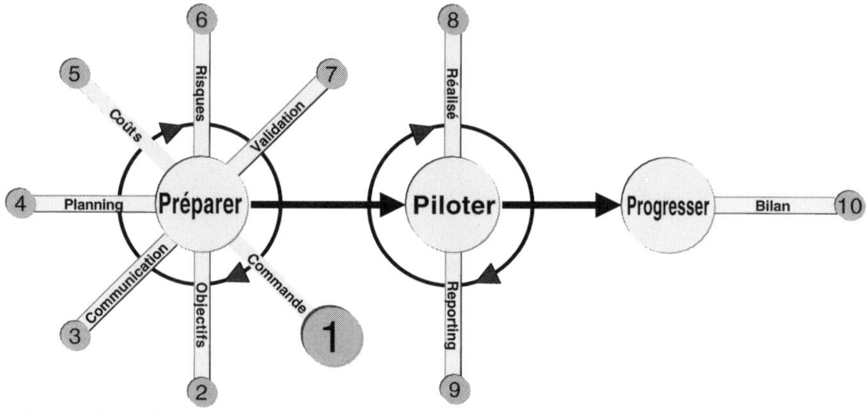

Acteur réalisant la fiche	Acteur destinataire du document

Document utilisé	**Type de document**
Commande du commanditaire	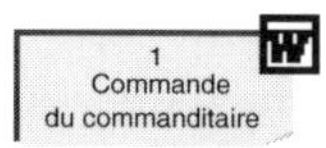

Actions à entreprendre
• Étudier la faisabilité globale du projet • S'assurer de la cohérence du projet avec les autres projets • Formuler la commande par écrit • Choisir un chef de projet • Présenter le projet au chef de projet

Remarque
• *Toutes les idées ne doivent pas devenir des projets. Trop de projets lancés en même temps finissent par nuire à la dynamique projet et éroder la motivation des acteurs.*

1 – Formuler la demande et la présenter

Cette fiche nécessite la mise en œuvre des techniques de rédaction et d'entretien. La formulation de la commande doit être la plus précise possible afin qu'il n'y ait aucune ambiguïté possible sur les résultats à obtenir.

Détail des actions à entreprendre

• Etudier la faisabilité globale du projet

À ce niveau il faut évaluer chacun des objectifs du projet (coût/qualité/temps) de manière grossière afin de vérifier qu'il n'y pas d'incohérence dès le départ.

Ce travail peut nécessiter une mobilisation des ressources importante si le projet est compliqué ou novateur.

Conseils

- *Il appartient au commanditaire et non pas au chef de projet de vérifier la faisabilité d'un projet.*
- *Un commanditaire qui passe commande d'un projet non faisable perd sa crédibilité envers les acteurs à qui il va confier le projet.*
- *Il est inutile de « mettre la barre très haut » en matière d'objectifs, il vaut mieux obtenir un engagement sur des objectifs atteignables.*

• S'assurer de la cohérence avec les autres projets

Dans une entreprise la stratégie de développement et d'évolution se réalise à travers le management des projets. Le management des projets passe par la réalisation d'un plan directeur, d'un schéma directeur, d'un projet d'établissement, ou d'un projet d'entreprise. Ces documents et le pilotage de leur mise en œuvre permettent de s'assurer de la cohérence entre les projets, autant en termes de stratégie que de planification.

À ce niveau il convient de s'assurer qu'il n'existe pas de projets concurrents à celui qui va être lancé, ce qui peut être le cas dans une entreprise qui ne centralise pas la gestion de ses projets.

Conseils

- *Une entreprise qui n'innove pas, meurt. Les projets sont un véritable moteur de l'innovation, néanmoins le lancement des projets doit être cohérent avec la politique générale annoncée.*
- *Une bonne communication sur la stratégie générale de l'entreprise assurera une bonne compréhension des acteurs sur chacun des projets et donc un facteur supplémentaire de motivation.*

• Écrire la commande

Le produit à fabriquer peut être plus ou moins complexe. Si le produit est complexe ou novateur, la description de ses fonctionnalités devra être réalisée dans un cahier des charges.
Afin de réaliser un cahier des charges exhaustif et opérationnel, il est nécessaire de connaître les techniques d'analyse de la valeur et d'analyse fonctionnelle. La réalisation d'un cahier des charges dans le cas où le produit du projet est un service, est souvent plus difficile car les éléments du produit sont moins concrets.
Si le produit est simple, ou déjà connu par celui ou ceux qui vont le réaliser, il suffira de préciser dans la commande les références des documents ou produits existants qui serviront de points d'appui pour le projet.

Conseils

- *Réaliser un cahier des charges ne s'invente pas. C'est le fruit d'une réflexion conduite avec méthode qui émane de l'expression du besoin. Le besoin est exprimé par celui qui va être le futur utilisateur du produit et non pas par le commanditaire, sauf si celui-ci est directement utilisateur du résultat.*
- *Chaque mot employé pour exprimer la commande doit être pesé. La commande doit pouvoir être comprise par quelqu'un qui n'est pas un expert du sujet. Il est souvent nécessaire d'obtenir cette validation avant de communiquer les éléments au chef de projet.*

• Choisir un chef de projet

Le chef de projet est l'acteur le plus important du système. C'est notamment celui qui va assurer la continuité du projet dans le temps. C'est aussi celui qui va être le moteur permanent du système.
Il faut s'assurer que le chef de projet a la disponibilité nécessaire en temps pour conduire le projet, mais il faut aussi s'assurer qu'il a la disponibilité intellectuelle, qu'il n'est pas dans une période où il est préoccupé par d'autres affaires professionnelles ou personnelles.
Le chef de projet doit être choisi pour sa capacité à coordonner les ressources plus que pour son expertise.
Le chef de projet doit être fiable, méthodique et organisé.

Conseils

- *Le chef de projet n'est pas un homme ou une femme de pouvoir, ce doit être un fédérateur.*
- *Le choix du chef de projet est un acte essentiel pour la réussite du projet, il faut préférer quelqu'un qui est reconnu par ses pairs, que quelqu'un qui « plaît » au commanditaire.*
- *Le chef de projet doit avoir suffisamment de « poids » et de « caractère » pour être un contre-pouvoir et un régulateur vis-à-vis du commanditaire. Les « béni-oui-oui » ne font pas de bons chefs de projet !*
- *Le chef de projet idéal est celui qui maîtrise les techniques de gestion de projet et qui a une « culture » technique du produit à réaliser.*

• Présenter le projet au chef de projet

Le commanditaire doit « vendre » son projet au chef de projet. C'est pour cela qu'il faut respecter une certaine rigueur et une certaine solennité lors de cet acte. Tous les éléments ayant trait au projet doivent être remis en même temps à l'occasion d'un entretien individuel avec le chef de projet. Il faut que le commanditaire prévoie un temps suffisant pour que le chef de projet puisse l'interroger sur tous les aspects du projet. Le chef de projet prendra alors un certain nombre de notes qui lui permettront de réaliser la fiche 2 qui consiste à mettre en mode projet la commande.

Conseils

- *Le commanditaire ne doit pas présenter son projet à la « cantonade » avant de l'avoir présenté officiellement au chef de projet. Il est fortement dommageable qu'un acteur apprenne par des bruits de couloir qu'on va lui confier un projet.*
- *Le projet ne doit pas être présenté « à la machine à café ». Le commanditaire qui va confier une mission à un chef de projet qui va s'engager sur les objectifs à atteindre doit donner un caractère solennel à cet entretien.*
- *Le commanditaire doit jouer la transparence avec le chef de projet et lui fournir tous les éléments nécessaires à la compréhension du contexte.*

Les 10 points à retenir

1. La vérification de la faisabilité d'un projet appartient à celui qui passe la commande du projet, à savoir le commanditaire.
2. Un chef de projet n'est jamais tenu d'accepter des objectifs impossibles à atteindre.
3. Un projet réussi est un projet qui est cohérent avec la stratégie générale de l'entreprise.
4. Un projet doit servir les intérêts de celui qui en passe la commande, mais aussi les intérêts de ceux qui le réalisent.
5. Une commande réalisée par oral démontre le peu d'importance que le commanditaire attache au projet et au chef de projet.
6. L'écrit permet une réflexion concrète sur le sujet à développer, et c'est aussi un formidable outil pour conduire un débat et des échanges.
7. Le chef de projet est avant tout un chef d'orchestre et un coordinateur avant d'être un expert.
8. La reconnaissance du chef de projet par le commanditaire se traduit aussi par la manière dont il va confier le projet et communiquer les éléments du projet.
9. Le temps passé à la clarification de la commande est du temps investi extrêmement rentable pour la suite du projet.
10. Le chef de projet ne doit jamais être choisi par hasard ou opportunisme, car il est la clef de tout le système projet.

2 – Mettre la commande en mode projet

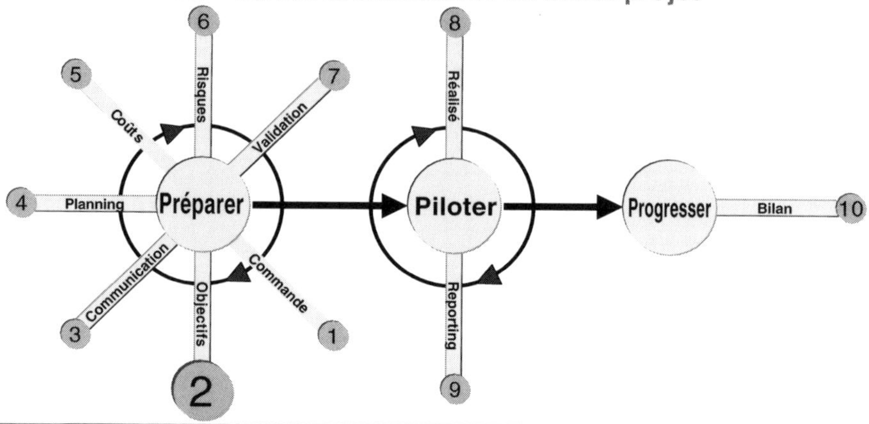

Acteur réalisant la fiche	Acteur destinataire du document

Document utilisé	**Type de document**
Note de cadrage	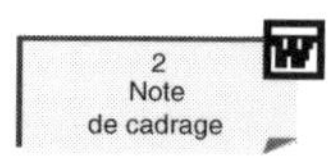

Actions à entreprendre

- Reformuler les termes de la commande
- Consulter et compléter le cahier des charges
- Formuler le contexte du projet
- Faire une macro-planification et un macro-budget du projet
- Valider l'adéquation entre les objectifs

Remarque

- *Rares sont les projets totalement novateurs, très souvent des éléments d'autres projets sont réutilisables mais souvent une mauvaise communication nuit à la réutilisation des expériences passées.*

2 – Mettre la commande en mode projet

Cette fiche permet de transformer une demande en objectifs opérationnels. Ces objectifs opérationnels vont ensuite être modélisés sous forme de tableau de bord afin d'assurer le pilotage du projet. L'un des éléments du tableau de bord sera le planning détaillé.

Détail des actions à entreprendre

• Reformuler les termes de la commande

La reformulation par le chef de projet permet à celui-ci de s'approprier le contenu même du projet. Cette reformulation doit passer par une formulation du but général du projet qui doit être rédigé en quelques mots simples et compréhensibles par tous. Le but à atteindre peut être aussi appelé objet du projet.
Un but est différent d'un objectif. Le but peut être large et général et ne nécessite pas de répondre à tous les critères qui caractérisent un objectif (mesurable, réaliste...).
Cette réécriture permettra aussi de s'assurer de la compréhension mutuelle entre le chef de projet et le commanditaire.

Conseils	• *Reprendre toutes les notes collectées en entretien avec le commanditaire et faire une synthèse avec les éventuels documents joints à la commande du commanditaire.* • *Réaliser plusieurs moutures de la formulation du but à atteindre.* • *Le chef de projet doit toujours être « force de proposition », c'est pourquoi il peut élargir ou rétrécir le champ du but à atteindre.* • *Cette étape est essentielle et conditionne toute la démarche projet. Le projet ne peut démarrer si le but général n'est pas compris et partagé.*

• Lister les résultats attendus

Ce travail consiste à formuler les objectifs de qualité. Il faut ici faire la liste la plus concrète possible de l'ensemble des produits qui seront fabriqués par le projet. Si ces produits ne sont pas qualifiés correctement en termes de performances, soit dans la commande du commanditaire, soit dans le cahier des charges, il est nécessaire d'émettre des hypothèses de travail mesurables qui seront ensuite validées par le commanditaire.

Conseils	• *Si le résultat du projet est un service ou une étude il faut être tout particulièrement attentif à la qualification du résultat qui sera plus difficile à définir que lorsque le produit est concret.* • *Si les produits sont complexes, le cahier des charges doit être complet. Ce n'est pas nécessairement au chef de projet d'écrire le cahier des charges, c'est un travail d'analyse fonctionnelle qui peut être réalisé par d'autres acteurs.*

• Formuler le contexte du projet

À ce niveau il faut élargir le champ de vision du projet afin d'étudier son environnement. Il faut étudier les éventuels projets similaires qui ont eu lieu dans l'entreprise, voire dans d'autres environnements concurrentiels. Par ailleurs il est nécessaire de faire la liste des déclencheurs du projet, qui sont tous les éléments internes ou externes qui ont fait que le projet existe. Le chef de projet doit pour effectuer ce travail, récupérer toutes les études et documents se rapportant au sujet traité.
Certains éléments du contexte peuvent rester dans le domaine du non-dit, il est nécessaire alors de creuser ces éléments auprès du commanditaire afin d'avoir un éclairage le plus exhaustif possible sur le projet et son environnement.

Conseils

- *Les résistances humaines font partie du contexte du projet et sont certainement les éléments les moins palpables mais les plus importants à prendre en compte.*
- *Le chef de projet doit à ce niveau collecter le plus d'informations possible sur le projet et sur le sujet, à ce titre tous les moyens possibles peuvent être employés (entretiens, intranet, internet...).*
- *Il faut avoir une vue plus large que le seul contexte de l'entreprise, les expériences vécues dans d'autres entreprises sont souvent riches et exploitables pour éviter de faire des erreurs commises par d'autres.*

• Faire une macro-planification et un macro-budget du projet

Le commanditaire donne rarement des éléments de planification au chef de projet à part généralement la date de fin, ou de livraison de certains résultats. La macro-planification oblige le chef de projet à réfléchir sur la démarche générale à mettre en place pour atteindre le résultat.
La première chose à faire est de lister les acteurs qui vont participer au projet. Le chef de projet peut ensuite s'appuyer éventuellement sur les experts pour effectuer ce premier découpage de la planification. Ce macro-planning doit être étayé par une série de jalons qui sont des dates importantes du projet. Ces dates peuvent être, soit des dates de livraison, soit des dates de fin de grandes étapes.
Il faut accepter à ce niveau un pourcentage d'erreur élevé qui peut aller jusqu'à 100 % dans le cas d'un projet où il n'y a eu aucune étude de faisabilité.

Conseils

- *Le chef de projet doit penser à s'inspirer des planifications faites sur des projets similaires.*
- *S'il existe un décalage très important entre les desiderata du commanditaire, et la macro-planification du chef de projet, il est nécessaire de faire immédiatement un point avec le commanditaire avant d'aller plus loin dans la démarche projet.*
- *Le chef de projet devra conserver une trace de cette première planification même si cette planification est sujette à des modifications importantes.*
- *Il ne faut prendre aucun engagement sur une macro-planification qui reste trop grossière pour devenir contractuelle.*

• Vérifier l'adéquation entre les objectifs

Les éléments du triangle de la performance sont maintenant définis. Il est donc possible de mesurer précisément si le projet reste encore faisable. Si cela n'est pas le cas et que les distorsions entre les objectifs sont trop importantes, un point immédiat avec le commanditaire est alors nécessaire. C'est aussi le moment pour hiérarchiser les objectifs entre eux.

Généralement le commanditaire dans sa commande priorise les objectifs. Ces éléments sont essentiels car ils vont aider le chef de projet dans ses arbitrages en cours de pilotage.

Si c'est le temps qui est prioritaire, en cas de dérapage en phase de pilotage, on pourra, soit augmenter les coûts soit diminuer la qualité. Si c'est le coût qui est prioritaire, on pourra diminuer la qualité ou augmenter le temps. Si c'est la qualité qui est prioritaire, on pourra augmenter le temps ou augmenter les coûts.

Conseils

- *Faire préciser au commanditaire les contraintes qu'il place sur les objectifs et qui sont non négociables.*
- *Négocier sur les contraintes qui sont posées arbitrairement et qui ne sont pas vraiment des contraintes de l'entreprise.*
- *Faire préciser au commanditaire les éventuelles marges de manœuvre sur les contraintes sur objectifs.*
- *Le chef de projet engage sa responsabilité personnelle s'il poursuit la démarche projet tout en sachant que les objectifs sont incohérents.*
- *Le commanditaire engage sa responsabilité personnelle, si malgré les remarques du chef de projet, il n'accepte pas de négocier des objectifs incohérents.*

Les 10 points à retenir

1. **Le chef de projet doit toujours proposer au commanditaire des hypothèses de travail sur les éléments qui n'ont pas été définis au préalable.**
2. **La reformulation du but à atteindre par le chef de projet facilite l'appropriation du projet.**
3. **Les objectifs qualitatifs doivent faire l'objet d'une attention particulière lorsque le projet est un service ou une étude.**
4. **Tous les résultats attendus doivent faire l'objet d'une description avec des critères quantitatifs précis.**
5. **Le contexte humain est un des facteurs essentiels à prendre en compte pour réussir un projet.**
6. **Il faut élargir l'étude du contexte afin de récupérer tous les éléments susceptibles de faire gagner du temps ou de réduire les risques.**
7. **La macro-planification peut avoir une marge d'erreur de 100 %.**
8. **Il ne faut prendre aucun engagement contractuel à l'issue d'une macro-planification.**
9. **Il faut connaître toutes les marges de manœuvre dont on dispose sur les objectifs avant la phase de pilotage.**
10. **Un projet dont les objectifs sont incohérents doit être arrêté par le commanditaire ou le chef de projet.**

3 – Définir les objectifs de communication

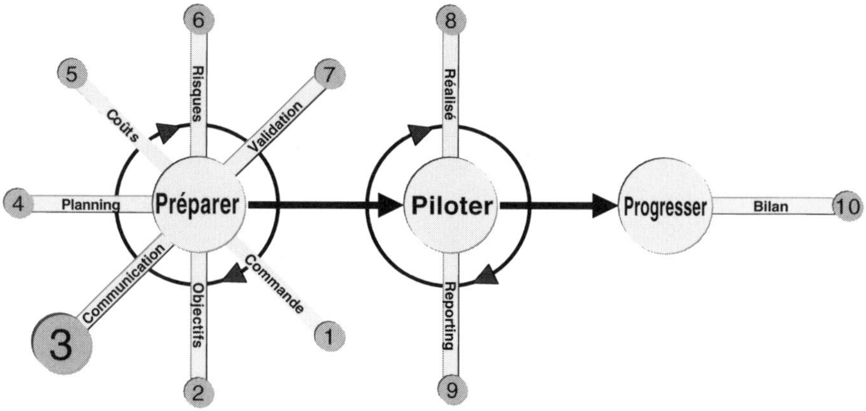

Acteur réalisant la fiche	Acteur destinataire du document

Document utilisé	**Type de document**
Plan de communication	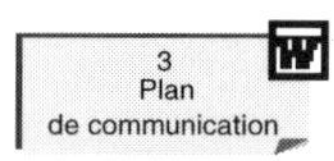

Actions à entreprendre

- Demander au commanditaire ses exigences en matière de communication
- Prendre en compte la communication habituelle de l'entreprise
- Faire la liste des objectifs et cibles à atteindre en matière de communication
- Faire la liste des moyens de communication à mettre en œuvre
- Faire la liste des tâches de communication

Remarque

- *La communication en externe et en interne est un levier puissant pour réussir un projet. Une communication mal pensée et mal organisée est un des facteurs de démotivation.*

3 – Définir les objectifs de communication

L'organisation de la communication dans un projet reste une des tâches les plus importantes à réaliser. Cependant les techniques à mettre en œuvre sont beaucoup moins rigoureuses que d'autres, comme la planification par exemple. La communication prend en compte les aspects humains peu modélisables.

Ce travail peut nécessiter l'intervention d'un expert en communication. Un projet induit souvent des changements importants. Ces changements induisent des résistances qu'il faut prendre en compte très en amont dans le projet. Les acteurs d'un projet parlent d'accompagnement au changement. Malheureusement cet accompagnement est souvent un « fourre-tout » peu structuré et peu organisé.

Détail des actions à entreprendre

• Demander au commanditaire ses exigences en matière de communication

La communication peut avoir un tel impact dans un projet que ce n'est pas au chef de projet de prendre l'ensemble des responsabilités en matière de communication. Le commanditaire doit s'engager dans cette démarche, et si ce n'est pas lui qui organise la communication il doit en donner les grandes orientations.

Conseils

- *Impliquer le plus tôt possible le commanditaire dans la stratégie de communication.*
- *S'assurer qu'il n'existe pas des éléments de stratégie de communication au niveau du projet d'entreprise (schéma directeur, projet d'établissement...).*
- *Ne prendre aucune initiative en matière de communication sans avoir l'aval du commanditaire.*
- *Informer le commanditaire de l'impact négatif que peut avoir une mauvaise communication dans un projet.*

• Prendre en compte la communication habituelle de l'entreprise

Il est possible d'adopter deux stratégies de communication dans un projet. La première consiste à avoir un mode de communication cohérent avec la manière dont l'entreprise communique habituellement. Cela consiste entre autres à utiliser les mêmes vecteurs de communication pour le projet et l'entreprise. La deuxième solution consiste à avoir une communication décalée par rapport aux habitudes de l'entreprise autant sur le fond que sur la forme.

Conseils

- *S'assurer que l'entreprise n'impose pas des règles en matière de communication (charte de communication).*
- *Une communication décalée doit être menée avec la plus grande prudence car elle aura un impact fort et négatif si le projet est un échec.*
- *Il vaut mieux une communication simple et bien maîtrisée qu'une communication très ambitieuse qui dérape et qui est mise en œuvre partiellement.*

• Faire la liste des objectifs et cibles à atteindre en matière de communication

À ce niveau il est nécessaire dans un premier temps de faire la liste des cibles à atteindre en communication. Une cible peut être un acteur ou une instance composée d'un groupe d'acteurs. Pour chacune des cibles les objectifs à atteindre en matière de communication seront listés. La communication doit permettre de couvrir des champs opérationnels (communication qui sert à faire fonctionner le projet) et des champs promotionnels (communication qui sert à assurer la promotion du résultat du projet ou des acteurs qui participent au projet).

Conseils

- *Il ne faut pas hésiter à décomposer les objectifs de communication cible par cible et acteur par acteur, afin d'avoir une communication sur mesure pour chacun des objectifs.*
- *La communication doit prendre aussi en compte les acteurs et les cibles qui sont externes à l'entreprise qui supporte le projet.*
- *La communication sur un projet doit se démarquer de la communication institutionnelle afin d'avoir plus d'impact sur les acteurs, un projet doit rester unique, même dans les actions de communication.*

• Faire la liste des moyens de communication à mettre en œuvre

Les moyens mis en œuvre doivent être adaptés aux objectifs à atteindre, aux cibles et au type de communication (opérationnelle ou promotionnelle). La recherche des moyens doit faire appel à la créativité du chef de projet qui doit, si nécessaire, faire appel à des spécialistes pour organiser la communication. Les moyens employés pour communiquer dans les projets peuvent être : les réunions de décision, les réunions de validation, les réunions d'information, les entretiens individuels, les groupes de travail, la messagerie d'entreprise, le courrier électronique, le téléphone, le fax mais aussi : la machine à café, les réunions « debout », les repas et les pots.
Le choix du moyen influe directement sur le résultat à atteindre. La mise en place des moyens doit répondre aux questions suivantes : comment mettre en place la communication ? quand mettre en place la communication ? où mettre en place la communication ? qui va mettre en œuvre la communication ? combien de fois doit-on communiquer ? combien va coûter la communication ?

Conseils

- *Utiliser le QQOQCPC pour penser à tous les aspects de l'organisation de la communication.*
- *Ne pas engager des moyens aux coûts disproportionnés par rapport au coût du projet au risque d'avoir des critiques des acteurs du projet.*
- *Éviter de trop utiliser les réunions pour mener toutes les actions de communication car elles sont consommatrices de temps donc de coûts et souvent démobilisatrices car trop nombreuses et trop longues.*
- *Ne jamais utiliser l'e-mail comme outil de management des acteurs d'un projet.*

• Faire la liste des tâches de communication

Chacune des actions de communication va se traduire par des tâches à accomplir dans le projet. Les actions de communication opérationnelle se traduisent généralement pour chaque action par trois tâches : la préparation, la mise en œuvre de l'action, la rédaction du compte rendu. Les actions de communication promotionnelle se traduisent pour chaque action par trois tâches : la préparation, la mise en œuvre de l'action, le bilan de l'action. Il n'est pas rare que les tâches de préparation soient trois ou quatre fois plus importantes en termes de charge que la mise en œuvre de l'action.

Certaines actions de communication vont revenir périodiquement comme les réunions de suivi du projet. Ces tâches seront appelées « tâches répétitives » dans le planning.

Conseils	• *Ne jamais sous-estimer la charge de travail que nécessite la préparation d'une action de communication.* • *Penser que la communication ne sera pas mise en œuvre que par le chef de projet ; il faudra donc avant de prévoir les tâches, obtenir l'aval des acteurs qui doivent mener les tâches de communication pour s'assurer notamment de leur disponibilité.* • *Ne pas hésiter à revoir cette liste des tâches de communication à la fin de la phase « Préparer » pour s'assurer que les tâches prévues sont toujours en phase avec l'état du projet.*

Les 10 points à retenir

1. **Le commanditaire doit être informé de la stratégie de communication retenue pour le projet.**
2. **Le commanditaire doit approuver et valider l'ensemble des tâches de communication prévues dans le projet.**
3. **La communication sur un projet peut être en adéquation avec la manière dont communique l'entreprise ou volontairement décalée.**
4. **Si on choisit volontairement une communication décalée, il faudra prendre en compte les risques inhérents à cette stratégie.**
5. **Les cibles de la communication peuvent être des acteurs ou des instances, externes ou internes à l'entreprise.**
6. **Les objectifs de la communication doivent couvrir les champs opérationnels et les champs promotionnels.**
7. **Il faut élargir les moyens employés pour communiquer afin d'avoir toujours une adéquation entre le moyen employé et les objectifs à atteindre.**
8. **Les réunions et la messagerie d'entreprise ne doivent pas être considérés comme les outils « miracles » de toute la communication dans un projet.**
9. **La mise en place de la communication est souvent lourde en terme de charge de travail, et de coûts pour le projet.**
10. **Il vaut mieux prévoir une communication simple et bien pensée mise en œuvre de manière exhaustive, qu'une communication complexe et quantitative que l'on ne pourra mettre en œuvre faute de temps ou d'argent.**

4 – Construire le planning détaillé

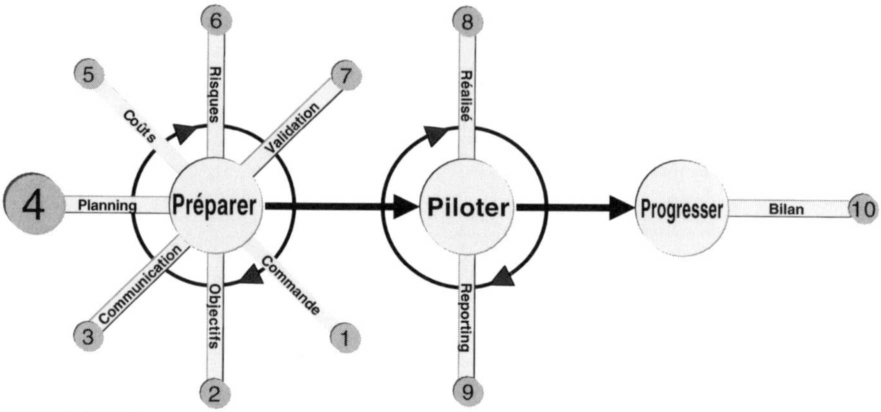

Acteurs réalisant la fiche	Acteur destinataire du document

Document utilisé	**Type de document**
Planning détaillé	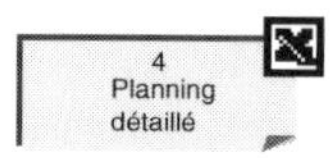

Actions à entreprendre

- Faire la liste des grandes tâches du projet
- Détailler chaque grande tâche en actions à entreprendre
- Estimer la charge de travail et la durée de chaque tâche
- Affecter les ressources nécessaires sur chaque tâche
- Optimiser et arbitrer sur l'utilisation des ressources

Remarque

- *Le planning est l'élément essentiel du tableau de bord du chef de projet. Si le planning est impossible à réaliser c'est souvent révélateur d'objectifs pas clairs ou de rôles mal définis.*

4 – Construire le planning détaillé

La planification va permettre de constituer un élément essentiel du tableau de bord de pilotage du projet. La planification est réalisée par le chef de projet sur le conseil des experts qui vont donner les éléments en matière de charge et de durée des tâches à accomplir pour arriver au résultat final. C'est un travail qui nécessite d'être méticuleux et rigoureux. La mise en œuvre graphique de la planification peut être réalisée avec un logiciel spécialisé, par exemple Project de Microsoft. L'utilisation du logiciel ne doit pas masquer la réflexion préalable indispensable à la planification. Ce n'est pas parce que l'on utilise un logiciel que le planning est bon. L'excellence de la planification repose sur l'expérience et l'expertise. Par ailleurs, il est nécessaire de respecter les étapes méthodologiques à l'établissement d'un bon planning et réaliser ce planning par itérations successives afin d'arriver au planning optimal.

Détail des actions à entreprendre

• Faire la liste des grandes tâches du projet

Le premier travail de planification consiste à effectuer un premier découpage « macro » du planning. Chaque grande tâche du planning sera complétée par une date de début et une date de fin et une évaluation grossière de la charge de travail globale nécessaire à la réalisation de chaque tâche.

Conseils	• *Effectuer un premier découpage en thèmes du projet. Ce premier découpage peut correspondre à des métiers différents.* • *Éviter de trop communiquer sur ce premier découpage de la planification, ou préciser que ce découpage est une estimation qui sera corrigée ultérieurement.* • *Utiliser comme unité de charge pour chaque tâche les jours x homme qui correspondent au nombre de jours de travail nécessaires pour accomplir la tâche.*

• Détailler chaque grande tâche en actions à entreprendre

Les grandes tâches de la macro-planification doivent ensuite être découpées en tâches subordonnées, puis en tâches élémentaires. Les tâches élémentaires correspondent aux actions à entreprendre pour arriver au résultat. Le niveau de découpage, et donc de tâches subordonnées, est directement dépendant du niveau de complexité du projet.

Conseils	• *Le nombre de tâches subordonnées doit être homogène dans tout le planning, ce qui veut dire que le niveau de détail du planning doit être identique partout.* • *Toutes les tâches élémentaires doivent commencer par un verbe d'action, ce qui oblige à bien définir la tâche à accomplir.* • *Plus on décompose, plus la charge sera facile à évaluer.*

• Estimer la charge de travail et la durée de chaque tâche

La durée d'une tâche est le nombre de jours travaillés sur lesquels la tâche va pouvoir s'exécuter. La charge est le nombre de jours x hommes nécessaires à l'accomplissement de la tâche. La durée et la charge sont estimées par les experts de chaque domaine du projet. L'estimation à ce niveau doit être indépendante des ressources disponibles. Il faut donc se poser la question suivante : Si j'avais toutes les ressources disponibles, dans quelle durée cette tâche pourrait-elle être accomplie ? Les tâches sont ensuite liées entre elles, c'est-à-dire que l'on va chercher toutes les tâches qui doivent nécessairement s'accomplir avant que la tâche examinée puisse s'exécuter.

Conseils

- *L'idéal est de faire estimer les durées et les charges par plusieurs experts et de faire échanger ces experts entre eux afin d'obtenir une évaluation la plus réaliste possible.*
- *Il faut accepter qu'un planning soit faux car il est impossible de prévoir tous les paramètres d'un projet et de les inclure dans la planification.*
- *Un planning détaillé peut comporter une erreur d'estimation de 25 % tout en restant acceptable pour piloter un projet*
- *Ce n'est jamais au chef de projet, lorsqu'il n'est pas expert du sujet, d'estimer la charge et la durée des tâches.*
- *Ne pas hésiter à récupérer des plannings et des bilans de projets passés pour avoir des référentiels de planification sur des projets similaires.*

• Affecter les ressources sur chaque tâche

À ce niveau il faut faire la liste des ressources disponibles pour le projet. Chaque ressource doit disposer de son calendrier. Le calendrier de la ressource contient ses jours de vacances, ses horaires et son taux de disponibilité sur le projet, ce taux s'appelle le pourcentage d'affectation. La disponibilité d'une ressource peut se calculer simplement en % d'affectation, ainsi en ne dépassant pas ce pourcentage on peut disposer de cette ressource à n'importe quel moment du projet. La disponibilité peut aussi se planifier de manière plus rigide en déterminant exactement à quels moments la ressource sera disponible sur le projet. Ainsi on pourra dire qu'une ressource est disponible à 50 % de son temps tous les matins pendant toute la durée du projet.

Conseils

- *Bien s'assurer de connaître la disponibilité exacte des ressources avant de les affecter sur les tâches du planning pour éviter de refaire plusieurs fois le planning.*
- *Ne pas nécessairement détailler les ressources si la tâche est sous-traitée en interne ou en externe, car le pilotage de ces ressources n'appartiendra pas au chef de projet.*
- *« Compléter le planning » avec des jalons qui permettront de mieux visualiser les échéances les plus importantes.*
- *Le planning peut aussi être complété par les livrables intermédiaires.*
- *Informer directement chacune des ressources avant de les affecter sur le planning afin de limiter les résistances.*

• Optimiser et arbitrer sur l'utilisation des ressources

Une fois que toutes les ressources sont affectées il faut constater les différents conflits de planification. Les conflits peuvent être des sur-utilisations ou des sous-utilisations de ressources. Si une ressource est sous-utilisée il faut vérifier si les tâches sur lesquelles elle est affectée ne peuvent être déplacées afin d'optimiser le planning. Si une ressource est sur-utilisée il faut vérifier si on peut décaler les tâches dans le temps pour régler cette sur-utilisation. Si le décalage dans le temps est inacceptable pour le projet il faut chercher alors une autre ressource pour remplacer la première sur certaines tâches. C'est en fait un arbitrage sur le triangle Coût/Qualité/Temps qui permettra de résoudre les conflits sur le planning. Il sera de toute façon impossible d'optimiser le planning à 100 %, ce qui est d'ailleurs inutile compte tenu des erreurs d'estimation sur les durées ou sur les charges.

Conseils

- *Utiliser une ressource à 130 % pendant plus de 3 mois consécutifs finit par altérer la qualité du résultat du produit. On peut ainsi pendant des périodes courtes « surcharger » les ressources, mais en s'assurant d'un système de récupération ou de « récompense ».*
- *Si on doit remplacer une ressource par une autre il faut s'assurer qu'elle a le même niveau de compétence, sinon il faudra éventuellement revoir l'estimation de la durée ou de la charge de la tâche.*
- *Ne pas oublier que l'on peut aussi arbitrer sur la qualité du résultat qui permet de baisser la qualité en maintenant les coûts et le temps.*

Les 10 points à retenir

1. Le macro-planning ne peut servir d'outil de pilotage car sa décomposition n'est pas assez précise.
2. Il ne faut pas prendre d'engagements contractuels sur une macro-planification qui peut comporter des erreurs de planification de 100 %.
3. Le découpage détaillé des tâches de la macro-planification est effectué par les experts de chaque domaine du projet.
4. Le découpage détaillé du planning doit être homogène quel que soit le sujet traité dans le planning.
5. L'estimation de la charge et de la durée doit être validée par plusieurs experts.
6. L'estimation de la durée doit être faite dans un premier temps à « ressources infinies ».
7. Les ressources doivent être informées individuellement avant d'être affectées sur les tâches d'un planning.
8. Chaque ressource doit disposer de son propre calendrier qui définit les conditions d'utilisation de cette ressource sur le projet.
9. La mise en mode projet ne doit pas être un prétexte à une sur-utilisation des ressources permanente.
10. Chaque ressource est différente, sa compétence et sa manière de travailler influent sur la durée de réalisation de chaque tâche.

5 – Chiffrer les coûts

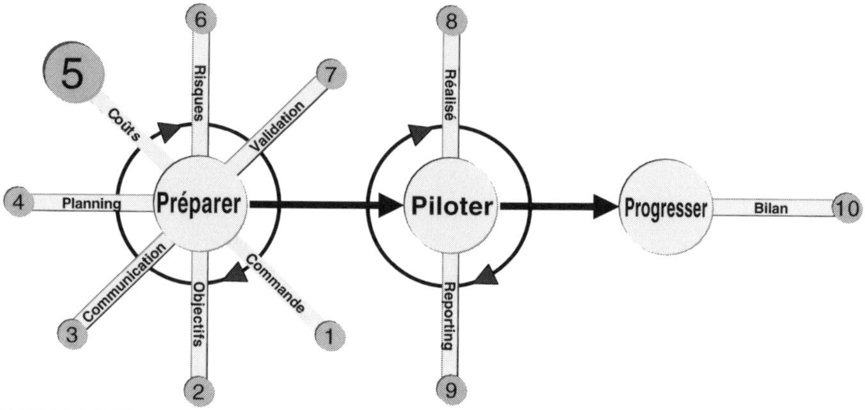

Acteurs réalisant la fiche	Acteur destinataire du document

Document utilisé	**Type de document**
Budget détaillé	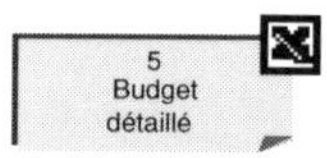

Actions à entreprendre

- Décider des ressources qui vont être imputées au projet
- S'informer des coûts des ressources externes
- S'informer des coûts des ressources internes
- Calculer le coût de chaque tâche du planning
- Calculer le coût global du projet

Remarque

- *Le coût d'un projet fait partie des indicateurs pertinents qui permettent un arbitrage objectif. Les coûts des ressources internes doivent être valorisés afin de connaître le coût réel du projet.*

5 – Chiffrer les coûts

Les coûts sont directement dépendants des ressources qui sont affectées sur les tâches. Le coût total d'un projet est égal à la somme des coûts des ressources employées sur le projet à savoir : les ressources humaines, les ressources matérielles, les achats et les sous-traitants. Généralement les ressources humaines sont évaluées grâce à leur coût horaire ou leur coût de journée. Les ressources matérielles sont évaluées grâce à leur coût horaire, ce coût pouvant être augmenté d'un coût par utilisation. Le coût par utilisation est une somme fixe qui s'ajoute au coût horaire lorsqu'on utilise la ressource matérielle, comme par exemple le coût de mise en route d'une machine ou de l'ouverture d'un dossier.

Détail des actions à entreprendre

• Décider des ressources qui vont être imputées au projet

Avant de chiffrer les coûts il faut tenir compte du périmètre de consolidation des coûts. Ce périmètre comprend toutes les ressources dont le coût va être affecté au projet. Ce périmètre est dépendant de la décision du commanditaire, mais aussi des règles de comptabilité analytique de l'entreprise. Les coûts des ressources qui vont être utilisées sur plusieurs projets doivent être homogènes d'un projet à l'autre de façon à pouvoir consolider les projets entre eux.

Conseils

- *Le périmètre doit être le plus exhaustif possible de façon à connaître le coût réel du projet.*
- *Si le commanditaire réduit le périmètre de consolidation, il peut être intéressant de connaître le coût total du projet en chiffrant à part les ressources qui n'ont pas été prises en compte dans le périmètre mais qui vont être utilisées dans le projet.*

• S'informer des coûts des ressources externes

Les coûts des ressources externes sont généralement les coûts des sous-traitants ou les coûts des achats. Ce chiffrage est généralement simple et est constitué des coûts les plus visibles car ils vont généralement être facturés à l'entreprise qui réalise le projet. Ces coûts peuvent toutefois être amortis, il faut donc connaître les règles d'imputation de ces coûts dans la comptabilité, surtout si certains des éléments vont être réutilisés sans facturation supplémentaire dans un autre projet.

Conseils

- *Ne jamais se limiter à la somme des coûts externes ou des achats dans le coût d'un projet.*
- *Dans le cas d'une sous-traitance interne refacturée s'assurer que les tarifs appliqués ne soient pas prohibitifs ou sous-estimés par rapport à la valeur réelle des ressources.*
- *Prendre en compte dans les coûts des éventuels échéanciers s'il est nécessaire de faire un plan de trésorerie du projet.*

• S'informer des coûts des ressources internes

Les ressources internes impactent généralement lourdement le projet, cependant leur chiffrage est moins évident car il nécessite au moment de l'estimation de connaître les règles qui régissent ces coûts ; et au moment du pilotage, il faut effectuer un suivi du temps réellement dépensé sur le projet. Si les règles ne sont pas fixées dans l'entreprise, il est toutefois nécessaire d'effectuer un chiffrage des coûts internes. Ce chiffrage peut reposer sur une estimation moyenne des ressources à 300 € par jour d'utilisation d'une ressource. Ce chiffrage moyen peut être détaillé en tenant compte de la répartition moyenne suivante : coût d'un non-cadre 200 € par jour, cadre moyen 300 € par jour, cadre supérieur 450 € par jour, cadre dirigeant 750 € par jour. Tous les chiffrages des ressources internes doivent prendre en compte les salaires, les charges, les avantages en nature et l'ensemble des frais nécessaires au fonctionnement du poste de travail de la ressource, si la mise en œuvre de ce poste est nécessaire pour le projet ou si ce poste ne peut être utilisé pendant la durée du projet.

Conseils

- *Même si le commanditaire ne l'exige pas, effectuer un chiffrage des coûts exhaustif en tenant compte des ressources internes.*
- *Attention à la communication sur les coûts sur des ressources clairement identifiées, il faut ménager les susceptibilités et certains coûts peuvent rester confidentiels.*
- *S'assurer que les coûts des ressources internes sont les mêmes d'un projet à un autre afin de pouvoir comparer les projets entre eux.*

• Calculer le coût de chaque tâche du planning

Chaque tâche élémentaire du planning va ainsi être valorisée par le calcul de la somme des coûts des ressources. Ce chiffrage par tâche permettra ainsi de voir à quel moment les sommes devront être libérées pour effectuer le paiement des ressources. Le plan de trésorerie d'un projet est essentiel si le projet s'étale beaucoup dans le temps car les sorties financières peuvent être génératrices de coûts financiers comme des prêts relais par exemple. Ces coûts financiers sont généralement élevés surtout s'ils n'ont pas été prévus à l'avance. Dans certains cas ces erreurs peuvent conduire à l'arrêt momentané ou définitif du projet. Si le chiffrage d'une tâche est compliqué, la tâche peut être assortie d'une fiche descriptive de tâche reprenant tout le détail des coûts ainsi que les règles d'imputation.

Conseils

- *S'assurer qu'aucune ressource n'a été oubliée sur la tâche à chiffrer.*
- *Chiffrer le coût de chaque tâche élémentaire afin de préparer la consolidation au niveau du projet.*
- *Certaines tâches ne contiennent pas de ressources internes ni de charge, elles sont seulement présentes pour indiquer un paiement à un fournisseur externe par exemple.*

• Calculer le coût global du projet

Le coût global est la somme des coûts de toutes les tâches. Néanmoins il faut s'assurer qu'il ne faut pas ajouter à ce coût global le coût de certaines études préalables à la mise en mode projet et qui peuvent parfois constituer des sommes très importantes. Le coût global du projet permettra de calculer le retour sur investissement. Même si le coût d'un projet ne constitue pas le seul élément d'arbitrage c'est un des éléments tangibles qui permet la prise de décision. Dans certains projets il ne semble pas « politiquement correct » de parler de coût même si une forte sensibilisation des acteurs des entreprises privées ou publiques est en cours. La sous-estimation des coûts d'un projet peut entraîner l'entreprise dans des difficultés sérieuses, voire au dépôt de bilan, le travail sur les coûts est donc indispensable.

- *Vérifier que tous les coûts de toutes les tâches ont été chiffrés.*
- *Faire une consolidation des coûts par grand thème du projet et/ou par niveau de découpage du planning.*
- *S'assurer de l'éventuelle confidentialité sur les données concernant les coûts du projet.*
- *Communiquer les coûts en premier au commanditaire avant de les annoncer éventuellement à d'autres acteurs.*

Les 10 points à retenir

1. **Le coût d'un projet est la somme des coûts de toutes les ressources nécessaires à l'accomplissement des tâches.**
2. **Le périmètre de consolidation des coûts doit être le plus large possible afin de connaître le coût réel du projet.**
3. **Les achats de sous-traitance ou de matériel doivent être imputés à une tâche quitte à créer une tâche fictive dans le planning qui correspond au paiement de ces achats.**
4. **S'assurer des règles d'imputation des achats surtout si certains achats servent à plusieurs projets.**
5. **Les coûts des ressources internes reposent, soit sur les règles de comptabilité de l'entreprise, soit sur un chiffrage moyen du coût journée d'une ressource.**
6. **Les coûts des ressources internes doivent être précis car ils peuvent donner lieu à de la refacturation entre services ou directions de la même entreprise.**
7. **Les coûts doivent être chiffrés pour chaque tâche élémentaire du planning, ce chiffrage permettra la consolidation par thème du projet.**
8. **Si le chiffrage des coûts d'une tâche est compliqué il faut faire une fiche descriptive de tâche expliquant le calcul des coûts.**
9. **Le coût total d'un projet doit toujours être chiffré même si le commanditaire ne l'exige pas.**
10. **La communication sur les coûts doit être organisée et réfléchie de façon à ne pas créer des conflits ou des résistances chez les acteurs internes ou externes au projet.**

6 – Analyser les risques

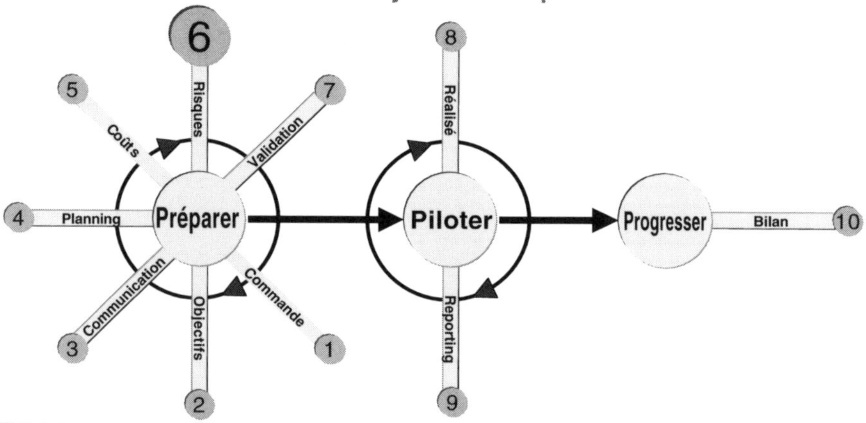

Acteurs réalisant la fiche	Acteur destinataire des documents

Documents utilisés	**Types de document**
Grille d'analyse des risques Planning détaillé Budget détaillé	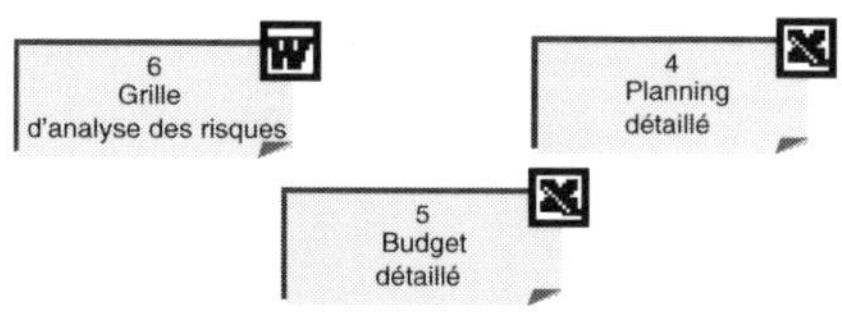

Actions à entreprendre

- Lister tous les éléments qui pourraient freiner l'atteinte des objectifs
- Lister tous les éléments qui pourraient accélérer l'atteinte des objectifs
- Lister les actions préventives et les actions curatives
- Chiffrer les coûts et insérer les actions préventives dans le planning détaillé
- Réaliser le planning « au pire » avec les actions curatives

Remarque

- *L'anticipation dans les projets est essentielle. Il faut imaginer toutes les situations possibles et planifier les scénarios catastrophes qui se révèlent souvent être les scénarios réels.*

6 – Analyser les risques

L'analyse des risques est un élément indispensable à la gestion de projet. Se mettre en mode projet constitue déjà une forme d'analyse des risques. Néanmoins ce volet fait partie intégrante de la méthodologie et constitue une tâche à part entière. Il faut constituer un petit groupe de travail avec le ou les expert(s), et dans certains cas avec le commanditaire s'il le souhaite, et faire ainsi la liste de tous les facteurs pouvant modifier l'atteinte des objectifs. On s'efforcera dans l'analyse des risques de traiter des 2 volets (négatifs et positifs) modifiant les objectifs en bien ou en mal. L'analyse des risques peut conduire à l'élaboration de scénarios catastrophes, ou tout simplement à l'arrêt du projet. Il vaut mieux arrêter un projet que d'entraîner l'entreprise dans des dépenses qui ne serviront à rien.

Détail des actions à entreprendre

• Lister tous les éléments qui pourraient freiner l'atteinte des objectifs

À l'occasion du groupe de travail il faut faire une liste de tous les éléments qui peuvent rallonger la durée du projet, augmenter les coûts, réduire la qualité. Cette liste doit être faite dans un premier temps sans recherche de pertinence, il faut donc que tous les risques cités par les acteurs soient pris en compte. Lorsque la liste est terminée il faut effectuer une classification des risques suivant trois critères : l'impact, la probabilité, l'anticipation. L'impact est le niveau de dégradation des objectifs lorsque le risque arrive ; la probabilité est le nombre de chances pour que le risque survienne ; l'anticipation est la possibilité de voir venir le risque le plus tôt possible. Un risque majeur est un risque dont la probabilité est forte, l'impact sur les objectifs fort et qu'il n'est pas possible d'anticiper.

Conseils

- *Ne jamais exclure un risque exprimé par un acteur a priori même si le risque évoqué peut sembler farfelu.*
- *Effectuer une cotation chiffrée de 1 à 3 pour chacun des critères de classification des risques (Impact, Probabilité, Anticipation).*
- *Classifier les risques en multipliant la cotation des 3 critères.*

• Lister tous les éléments susceptibles d'accélérer l'atteinte des objectifs

Analyser les risques c'est aussi prendre en compte tous les éléments susceptibles d'accélérer l'atteinte des 3 niveaux d'objectifs. Pour chacun des éléments listés il faut mettre en place les actions qui permettront d'exploiter ces facteurs facilitants.

Conseils

- *Ce qui peut être un facteur frein peut être aussi un facteur facilitant dans certains cas, il faut donc examiner le risque dans tous les cas de figure.*
- *Ne pas oublier les facilitants humains, à savoir certaines personnes qui pourraient devenir « sponsor » du projet car elles ont intérêt à ce que le projet réussisse.*

• Lister les actions préventives et les actions correctives

Lorsque les risques sont listés il faut pouvoir réduire le risque. La réduction du risque consiste à imaginer ce qui peut être fait pour que le risque n'arrive pas ou soit atténué, ce sont les actions préventives. Si malgré les actions préventives, si ces actions peuvent être mises en place, le risque arrive quand même il faut avoir imaginé des scénarios de secours qui tendront à endiguer les conséquences du risque, ce sont les actions curatives. Chacune de ces actions doit faire l'objet d'une planification détaillée avec l'ensemble des tâches à accomplir. Les actions préventives seront systématiquement insérées dans le planning détaillé prévisionnel et viendront ainsi s'ajouter aux tâches de réalisation du résultat. Dans certains cas les actions préventives et curatives n'existent pas, le risque doit donc être accepté ainsi que les conséquences de ce risque. Lorsqu'un événement se produira à coup sûr dans le projet ce n'est plus un risque, la survenance d'un risque est toujours incertaine même si le risque est fortement probable.

Conseils

- *Commencer par lister les actions préventives et curatives pour les risques majeurs.*
- *La planification de chacune des actions préventives et curatives doit être aussi détaillée que la planification du projet.*
- *Les actions préventives doivent systématiquement être consolidées avec le planning prévisionnel.*
- *La planification des actions curatives ne sera utilisée que dans l'élaboration de scénarios.*

• Chiffrer les coûts et insérer les actions préventives dans le planning détaillé

La mise en place des actions curatives et préventives doit être arbitrée par un chiffrage exhaustif des coûts. Comme pour la planification détaillée, chacune des tâches va être valorisée par les ressources qui lui sont affectées. C'est ce chiffrage des coûts qui permettra de décider de la mise en place des actions, en effet si « l'assurance » du risque coûte plus cher que le risque lui-même les tâches ne seront pas planifiées. Il faut néanmoins faire attention de replacer cette analyse dans le contexte humain du projet. Certaines conséquences de l'arrivée d'un risque sur la motivation par exemple sont très difficiles à chiffrer et ne doivent pas être sous-estimées. Néanmoins l'arbitrage final se fera en fonction de l'atteinte des objectifs du projet.

Conseils

- *Ne pas négliger les risques qui ont des conséquences sur les acteurs du projet et notamment sur leur motivation.*
- *Le chiffrage des coûts des actions préventives et curatives doit être aussi détaillé que pour le reste du planning du projet.*
- *Faire appel aux experts et aux éventuels bilans antérieurs sur d'autres projets pour effectuer les estimations de budgets.*

• Réaliser le planning « au pire » avec les actions correctives

Le scénario au mieux est le planning prévisionnel consolidé avec la totalité des actions préventives. Le scénario au pire est le planning consolidé entre le planning prévisionnel, les actions préventives et la totalité des actions curatives. C'est en fait une vue du projet où l'on aurait imaginé que tous les risques sont survenus. Ce planning est très intéressant car il peut donner au commanditaire une vue d'une situation qu'il n'aurait jamais imaginée. Cette communication au commanditaire permet aussi au chef de projet de « se couvrir » en alertant sur les scénarios catastrophes. Il peut aussi être intéressant de construire les scénarios intermédiaires qui constituent une combinaison des actions curatives, cependant ce travail nécessite beaucoup de temps si on veut faire une planification détaillée des actions et un chiffrage des coûts qui soit pertinent et qui permette la prise de décision.

Conseils

- *Ne jamais communiquer un seul scénario (au pire ou au mieux).*
- *Faire valider les scénarios par les experts.*
- *Les scénarios doivent être chiffrés en temps et en coût de manière détaillée.*
- *Le scénario au pire se révèle souvent en termes de durée être proche de ce que va être la réalité du projet.*
- *L'ensemble des scénarios devra être archivé dans la documentation du chef de projet.*

Les 10 points à retenir :

1. **La liste des facteurs pouvant freiner l'atteinte des objectifs doit être la plus exhaustive possible et être établie sans aucune censure.**
2. **Ne mettre dans la liste des risques que les événements qui ne sont pas sûrs d'arriver.**
3. **L'analyse des risques doit aussi comporter l'analyse des facteurs facilitants qui peuvent accélérer l'atteinte des objectifs.**
4. **L'analyse des facteurs facilitants doit intégrer les facilitants « humains », personnes sur lesquelles on peut s'appuyer pour améliorer le fonctionnement du projet.**
5. **Les actions préventives sont les actions à mettre en place pour limiter l'apparition des risques ou les conséquences des risques.**
6. **Les actions curatives sont les actions à prévoir en cas de survenance des risques malgré les mesures préventives.**
7. **Chaque action curative et préventive doit faire l'objet d'un planning détaillé et d'un chiffrage des coûts liés à la mise en œuvre de ces actions.**
8. **Les actions préventives doivent être consolidées avec la planification détaillée du projet.**
9. **Les actions curatives permettront d'élaborer différents scénarios du projet : le scénario idéal où l'ensemble des actions préventives seraient totalement efficaces, ou le scénario catastrophe où il faudrait mettre en œuvre toutes les actions curatives.**
10. **L'analyse des risques peut conduire à l'arrêt du projet notamment si les conséquences humaines ou économiques sont trop importantes.**

7 – Valider le cadrage du projet

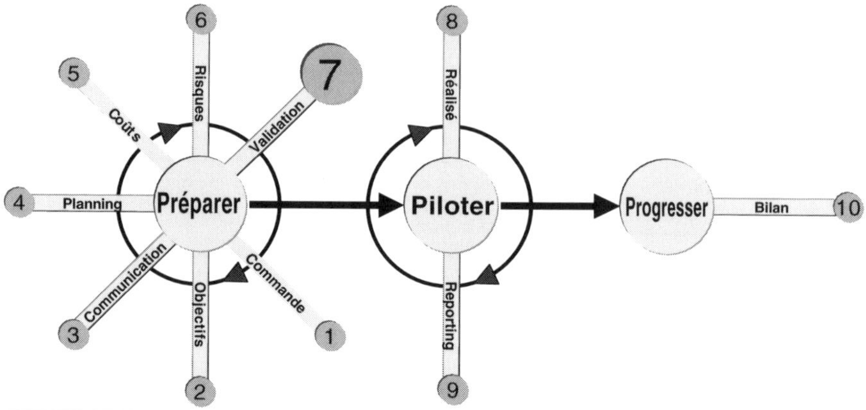

Acteur réalisant la fiche	Acteur destinataire du document

Documents utilisés	**Types de document**
Note de cadrage Plan de communication Planning détaillé Budget détaillé Grille d'analyse des risques	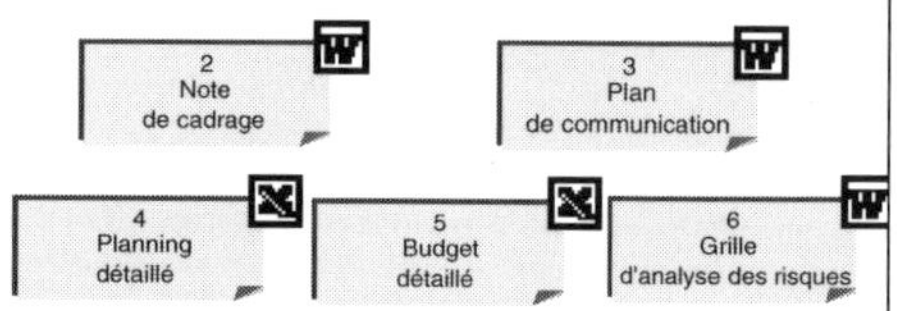

Actions à entreprendre

- Vérifier la cohérence des documents projet
- Préparer l'entretien de présentation du projet
- Présenter le projet au commanditaire
- Négocier les objectifs avec le commanditaire
- Mettre à jour les documents, les signer et les communiquer

Remarque

- *Il faut obtenir un accord mutuel entre le commanditaire, le chef de projet et ensuite avec les acteurs sur l'ensemble des objectifs du projet car un projet ne doit pas démarrer sur des malentendus.*

7 – Valider le cadrage du projet

Cette fiche correspond au point de passage qui va permettre de basculer dans la réalisation du produit. La validation du projet doit être réalisée par rapport à tous les éléments étudiés dans la phase de préparation. C'est un risque majeur que de rentrer en phase de pilotage sans s'être assuré que le projet est totalement cadré, que tous les acteurs du projet ont compris les objectifs et les enjeux du projet, que le commanditaire est d'accord sur tous les éléments du cadrage. Cette validation doit se faire à travers la vérification de tous les livrables de la gestion de projet à savoir : la note de cadrage, le planning détaillé, le plan de communication, le budget détaillé, la grille d'analyse des risques.

Détail des actions à entreprendre

• Vérifier la cohérence des documents projet

Tous les documents convergent vers le planning détaillé. Ainsi on trouvera dans le planning détaillé les actions de communication prévues dans le plan de communication, les actions préventives prévues dans la grille d'analyse des risques. C'est aussi à partir du planning détaillé que le budget global sera élaboré. Il faut donc vérifier que tous les documents concordent et éventuellement mettre à jour ceux qui ne seraient pas complets.

Conseils	• *Vérifier que les tâches du planning permettent bien d'atteindre les objectifs de qualité qui sont indiqués dans la note de cadrage.* • *Vérifier que le plan de communication est à jour et au besoin le compléter en n'oubliant pas d'actualiser le planning.* • *Vérifier que les acteurs qui ont participé à la phase de préparation détiennent les dernières versions des documents.* • *Centraliser les documents du projet sur un même lieu physique ou électronique.*

• Préparer l'entretien de présentation du projet

Afin de valoriser son travail le chef de projet doit donner à cette présentation un caractère solennel, c'est pourquoi il est nécessaire de préparer un diaporama simple d'une dizaine de diapos avec Power Point. Ce point de passage doit être préparé soigneusement car il va permettre la négociation. Le chef de projet peut éventuellement préparer une dernière liste de questions à poser au commanditaire.

Conseils	• *Imprimer tous les documents et constituer un dossier du projet à remettre au commanditaire.* • *Réserver une salle de réunion ou un endroit qui permettra d'être tranquille pendant la présentation.* • *Consacrer tout le temps nécessaire pour faire une présentation professionnelle.*

• Présenter le projet au commanditaire

La présentation au commanditaire doit commencer par un rappel des objectifs de cette réunion. Cette réunion doit aboutir sur un accord commun sur les objectifs à atteindre, mais aussi sur la manière de les atteindre. Il peut être nécessaire dans certains cas de demander au commanditaire de signer les documents avec pour objectif de s'en servir comme engagement contractuel. La présentation du projet peut se dérouler en une vingtaine de minutes et ensuite un échange pourra se réaliser entre le commanditaire et le chef de projet. Le plus difficile, lorsque le commanditaire est très proche du projet et du chef de projet, est de conserver le caractère formel de cette réunion. C'est pourquoi il n'est pas inutile pour le chef de projet de rappeler au commanditaire la méthodologie pour conduire le projet et l'intérêt de ce point de passage de validation.

Conseils

- *Ne pas hésiter à préciser au commanditaire les objectifs de la réunion et le résultat à obtenir à la fin de la réunion.*
- *Garder tout au long de la présentation un caractère formel qui démontre au commanditaire le professionnalisme du chef de projet.*
- *Si possible cette réunion doit se dérouler en tête-à-tête entre le commanditaire et le chef de projet, ce qui veut dire que tous les documents ont été validés par les experts.*

• Négocier les objectifs avec le commanditaire

La clarté que donnent les documents du projet peut amener le commanditaire à revenir sur les objectifs Coût/Qualité/Temps. Cette négociation ne doit normalement pas remettre en cause profondément le projet mais peut donner lieu à des échanges qui doivent aboutir à un équilibre dans le triangle Coût/Qualité/Temps. Le chef de projet ne maîtrise pas toujours les techniques de négociation, mais sa maîtrise du sujet lui permettra d'obtenir une bonne négociation. Cependant lorsque le chef de projet est dans une liaison directement hiérarchique avec le commanditaire, il n'est pas toujours aisé de négocier. Il ne faut pas oublier que cette réunion aboutit sur un engagement du chef de projet sur l'atteinte des objectifs, il est donc nécessaire pour le chef de projet de se « protéger » en faisant prendre ses responsabilités au commanditaire en cas de déséquilibre dans le triangle Coût/Qualité/Temps.

Conseils

- *Prévoir avant la négociation le seuil en deçà duquel le chef de projet n'acceptera pas de descendre ou monter.*
- *Une bonne négociation doit aboutir sur un accord Win-Win (gagnant-gagnant).*
- *Il est souhaitable que les conclusions de la négociation soient écrites.*
- *Le chef de projet est aussi responsable que le commanditaire s'il accepte des objectifs irréalisables qui mettent en péril le projet, les acteurs et peut-être l'entreprise.*

• Mettre à jour les documents, les signer et les communiquer

À la suite de la dernière réunion les objectifs sont souvent modifiés d'un accord commun entre le commanditaire et le chef de projet. Il s'agit donc de mettre à jour tous les documents de la phase de préparation. Les documents seront ensuite communiqués à l'ensemble des acteurs du projet afin qu'ils puissent avoir la dernière version des documents. À cette occasion il est nécessaire de faire une réunion de lancement du projet afin de remobiliser les acteurs sur les objectifs. En effet, le chef de projet est généralement impliqué de manière régulière pendant toute la phase de préparation, il est donc conscient que le projet continue à vivre, mais certains acteurs sont impliqués de manière ponctuelle pendant cette phase, leur mobilisation n'est peut-être donc pas maximale. Cette réunion peut être le point de lancement d'un journal du projet qui tracerait l'historique du projet de manière mensuelle par exemple.

Conseils

- *La mobilisation des acteurs doit être maximale car le projet va réellement démarrer au sens réalisation.*
- *Les documents du projet doivent être facilement accessibles et centralisés.*
- *Une seule personne, qui peut être le chef de projet pourra mettre à jour les documents du projet, ceci permet une gestion centralisée des différentes versions en phase de pilotage.*

Les 10 points à retenir

1. **Toutes les informations doivent être cohérentes dans tous les documents de la phase de préparation.**
2. **Le planning du projet est un document central qui doit être le reflet exact de tout ce qui a été prévu dans le projet.**
3. **L'entretien avec le commanditaire doit être très bien préparé par le chef de projet afin de rassurer le commanditaire et démontrer le professionnalisme du chef de projet.**
4. **Les documents qui vont être présentés au commanditaire doivent être soignés et bien présentés dans un dossier projet.**
5. **La réunion avec le commanditaire doit avoir un caractère formel afin d'obtenir son engagement sur les ressources à fournir pour le bon fonctionnement du projet.**
6. **La réunion avec le commanditaire doit être un tête-à-tête.**
7. **Une bonne négociation satisfait chacun des acteurs de cette négociation.**
8. **Les conclusions de la négociation doivent être formulées par écrit.**
9. **Les documents finaux de la phase de préparation doivent être centralisés et placés sous la responsabilité d'une seule personne.**
10. **Le basculement vers la phase de pilotage peut nécessiter une réunion avec l'ensemble des acteurs du projet afin de les re-mobiliser autour des objectifs.**

8 – Mettre à jour la planification

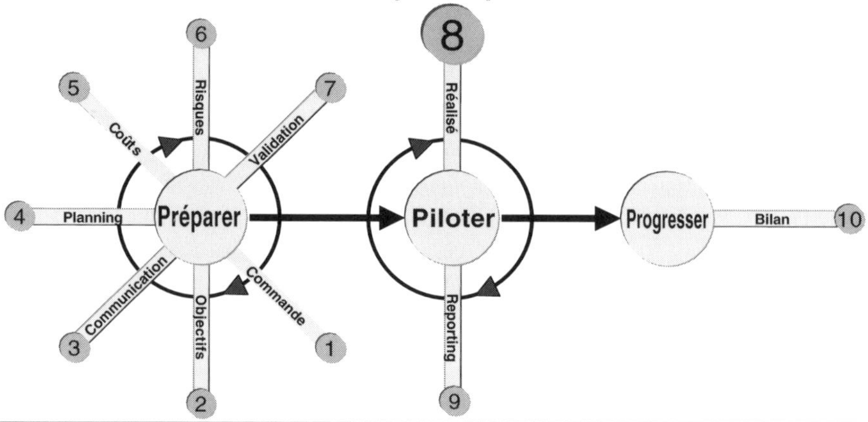

Acteurs réalisant la fiche	Acteur destinataire des documents

Documents utilisés	**Types de document**
Planning détaillé Budget détaillé	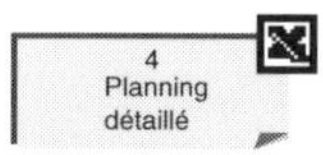 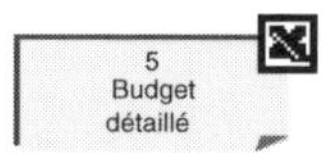

Actions à entreprendre

- Récupérer les informations sur le « réalisé » des tâches
- Mettre à jour le planning
- Mettre à jour le budget
- Prendre en compte les actions curatives
- Planifier et chiffrer les actions curatives

Remarque

- *La mise à jour régulière du planning est une contrainte mais constitue l'occasion de faire des points d'arrêt qui permettent de prendre du recul par rapport au projet.*

8 – Mettre à jour la planification

Le planning est le tableau de bord permanent du projet, c'est ce qui va permettre de décider des réajustements à faire sur les objectifs. Néanmoins mettre à jour le planning constitue une vraie difficulté car bien souvent les aspects techniques de fabrication du produit prennent le pas sur la gestion du projet. Le chef de projet ne réserve alors plus le temps nécessaire à la mise à jour du planning et le tableau de bord ne permet plus le pilotage et limite considérablement l'anticipation. Le planning devrait être mis à jour au moins une fois par semaine, ce qui laisse en fait une marge de réactivité égale à une semaine, cela veut dire aussi que l'on accepte de ne pas voir les problèmes dans le projet pendant une semaine. Cette tâche de mise à jour du planning souvent prise par le chef de projet comme une tâche administrative, surtout si c'est un expert du produit, est une tâche essentielle qui démontre là encore le professionnalisme du chef de projet.

Détail des actions à entreprendre

• Récupérer les informations sur le « réalisé » des tâches

La mise à jour du planning nécessite que le chef de projet dispose de toutes les informations venant des ressources. Là encore la difficulté majeure va être de récupérer ces informations auprès des ressources qui ressentent cette action comme du « flicage ». Si le chef de projet a décidé de mettre son planning à jour de manière hebdomadaire cela veut dire que chacune des ressources doit également fournir un état de ses tâches toutes les semaines.

Conseils

- *Dès qu'une ressource tarde à informer le chef de projet sur son avancement le chef de projet doit relancer la ressource sans tarder.*
- *Imposer un modèle de document ou une matrice qui soit commune à toutes les ressources pour assurer la remontée des informations.*

• Mettre à jour le planning

La mise à jour du planning consiste à mettre en face de chacune des tâches le réalisé, ce qui va permettre la comparaison entre le prévu et le réalisé. Chaque tâche peut être mise à jour en fonction de son pourcentage d'avancement et de sa durée d'exécution. Les ressources doivent aussi informer le chef de projet du réel consommé en matière de charge et de coût.

Conseils

- *Choisir une manière uniforme de mettre à jour les tâches du planning soit en pourcentage, soit en durée, soit en charge.*
- *Communiquer régulièrement le planning à jour de façon à ce que les ressources visualisent l'intérêt de la remontée d'informations qui leur est demandée.*
- *Mettre à jour le planning au fur et à mesure de la remontée de l'information.*

• Mettre à jour le budget

Le calcul de la charge réellement consommée permet de calculer les coûts réellement engagés. Ces coûts comportent comme pour la partie prévisionnelle les dépenses de temps des ressources internes, les coûts des sous-traitants, les achats éventuels et les coûts des ressources matérielles. Cette démarche permet ainsi de faire un vrai suivi budgétaire du projet, ainsi que de prévoir la trésorerie nécessaire tout au long du déroulement du projet. Il est certain que ce suivi demande beaucoup de rigueur et de temps mais il permet une réelle anticipation sur les évènements du projet. Ce travail sur les coûts peut avoir un certain niveau de confidentialité qu'il faudra respecter tout au long du projet.

Conseils

- *Exiger des ressources des données précises quant aux dépenses réelles surtout si le suivi budgétaire du projet doit être précis.*
- *Le suivi des coûts doit être réalisé par le chef de projet afin que certaines données qui pourraient être confidentielles ne soient pas divulguées.*
- *Le budget du projet peut être suivi simplement dans une feuille Excel, cependant des outils comme Project permettent d'effectuer ce suivi des coûts par un calcul automatique à partir de la charge réellement consommée.*

• Prendre en compte les actions curatives

Le pilotage ne se borne pas à un simple constat. Un projet est en perpétuel mouvement et en fonction des évènements, des actions de réajustement doivent être mises en place. Les actions curatives doivent être de deux ordres : Les actions qui tendent à corriger un dérapage dans les objectifs Coût/Qualité/Temps, et les actions qui tendent à optimiser le projet tout au long de son déroulement. La recherche de la performance doit être un leitmotiv permanent pour le chef de projet ; le dépassement des objectifs fait aussi partie de l'état d'esprit de la gestion de projet. Les actions curatives peuvent dans certains cas sortir du champ de pouvoir du chef de projet, il faudra donc que celui-ci ait l'aval du commanditaire pour mettre en place des actions curatives.

Conseils

- *Le chef de projet ne doit pas sortir de son champ de pouvoir afin de mettre en place une action curative.*
- *Le chef de projet peut mettre en œuvre, sans en informer le commanditaire, une action qui rentre dans son champ de pouvoir.*
- *La rapidité de mise en place des actions curatives est directement dépendante de la fréquence de mise à jour de la planification.*
- *Les actions curatives d'ordre technique doivent être construites avec l'avis des experts.*

• Planifier et chiffrer les actions curatives

Les actions curatives doivent faire l'objet d'un chiffrage, notamment si le commanditaire doit prendre la décision de les mettre en œuvre ou pas. Ce chiffrage doit prendre en compte la charge et le coût de mise en œuvre des actions. Dans certains cas il est souhaitable d'envisager plusieurs scénarios d'actions curatives. Chaque action doit alors faire l'objet d'un chiffrage; ces scénarios sont ensuite consolidés avec le planning central puis présentés au commanditaire. Ce travail de simulation est souvent difficile et rebutant à la main, les logiciels de planification type Project de Microsoft apportent une grande souplesse dans la mise en œuvre de ces scénarios autant sur le plan de la durée, de la charge que des coûts. Cependant le travail de pilotage nécessite d'être particulièrement méticuleux, précis et aussi d'avoir le temps de mise en œuvre. L'utilisation d'un logiciel de planification pour effectuer le suivi d'un projet nécessite une formation au produit. Malheureusement la plupart des chefs de projet n'ont pas été formés, et déduisent souvent hâtivement que le produit logiciel n'est pas bon alors que ce sont souvent des problèmes de méconnaissance du produit.

Conseils

- *Présenter au commanditaire plusieurs scénarios d'actions correctives avec les avantages et les inconvénients de chaque scénario.*
- *Utiliser de préférence pour effectuer ce travail un outil de planification afin de gagner du temps dans les re-calculs et dans les consolidations.*

Les 10 points à retenir

1. Le planning doit être mis à jour au minimum une fois par semaine pour être très réactif face aux changements d'objectifs.
2. Relancer fermement les ressources qui ne fournissent pas les éléments permettant de mettre à jour le planning.
3. Le planning mis à jour doit être communiqué aux acteurs afin de leur donner une vision globale du projet.
4. La communication du planning mis à jour aux acteurs permet de leur démontrer l'intérêt et l'utilisation des données qui leur sont demandées.
5. Le suivi du budget doit être réalisé en fonction des objectifs à atteindre : un suivi budgétaire réel du projet ou un suivi à titre d'information sur les dépenses réelles.
6. Les données concernant le budget du projet peuvent être confidentielles.
7. Les actions curatives portent nécessairement sur le triangle Coût/Qualité/Temps.
8. Les actions curatives doivent être élaborées avec les experts.
9. Un suivi de la planification précis nécessite la mise en œuvre d'un outil de planification.
10. La consolidation des scénarios des actions curatives avec le planning général permettra au commanditaire de décider des actions à entreprendre.

9 – Assurer le reporting

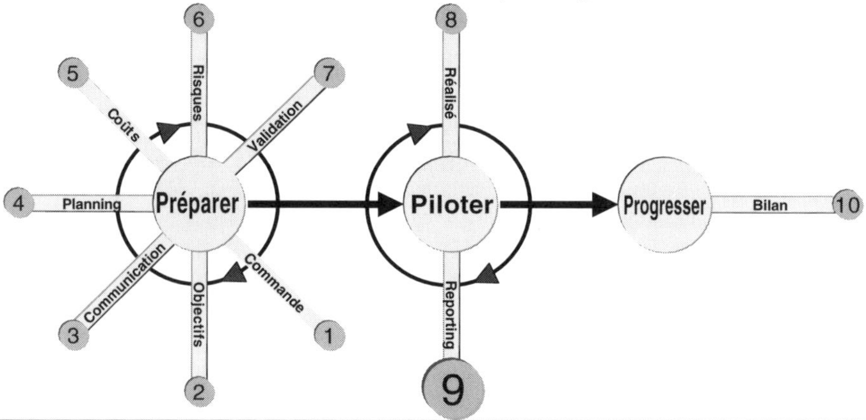

Acteur réalisant la fiche	Acteur destinataire des documents

Documents utilisés	**Types de document**
Planning détaillé Budget détaillé Compte rendu de réunion Revue de projet Fiche de reporting	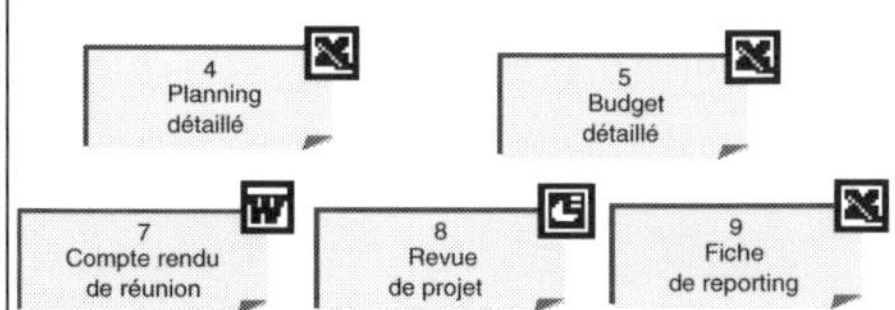

Actions à entreprendre

- Mettre à jour tous les documents projet
- Préparer les actions de reporting
- Assurer les actions de reporting
- Consigner les décisions prises
- Communiquer les décisions prises

Remarque

- *Le chef de projet ne doit pas agir seul, lorsque les décisions sortent de son champ de pouvoir il va consulter le commanditaire à travers des actions de reporting régulières.*

9 – Assurer le reporting

Le reporting comprend toutes les actions de communication vers les acteurs du projet. Ces actions de communication portent essentiellement sur l'état d'avancement du projet. Elles s'inscrivent donc dans la communication opérationnelle du projet. Cette communication va être réalisée vers le commanditaire. Néanmoins les actions de reporting peuvent aussi être menées vers les ressources du projet afin de maintenir leur motivation, dans ce cas on va utiliser des éléments de communication opérationnelle (par exemple le planning à jour) pour mener des actions promotionnelles. Le reporting peut aussi être assuré à un niveau de consolidation plus élevé. En effet certains projets peuvent nécessiter une coordination entre eux, soit parce qu'ils ont des périmètres communs, soit parce qu'ils utilisent des ressources communes. Le reporting peut donc être effectué vers la personne en charge de cette consolidation multiprojets.

Détail des actions à entreprendre

• Mettre à jour tous les documents projet

Le planning doit être mis à jour au fur et à mesure de l'avancement du projet et notamment une fois par semaine. Cependant il faut aussi que tous les documents du projet puissent ainsi évoluer en fonction des évènements. On pourra par exemple faire des avenants à la note de cadrage si un changement important d'objectif est demandé par le commanditaire. La grille d'analyse du risque peut être complétée parce que de nouveaux risques peuvent apparaître au cours du projet. Le plan de communication lui aussi peut évoluer et nécessiter une actualisation par l'ajout de nouvelles actions de communication.

- *S'assurer lors de la mise à jour du planning que les autres documents ne nécessitent pas aussi des mises à jour.*
- *Le chef de projet est responsable de la mise à jour de toute la documentation projet.*
- *Le dossier projet est le tableau de bord de pilotage du projet, il doit donc être à jour et centralisé.*

• Préparer les actions de reporting

Chaque action de reporting doit être soigneusement préparée afin de l'adapter à la cible vers laquelle elle est destinée. Le moyen choisi pour mener l'action de reporting doit être adapté aux objectifs de la communication et à la cible.

- *Ne pas négliger le temps nécessaire à la préparation des actions de reporting qui peut être plus important que l'action elle-même.*
- *S'appuyer sur le plan de communication pour mettre en place les actions de reporting.*

• Assurer les actions de reporting

Dans un petit projet les actions de reporting peuvent utiliser plusieurs moyens de communication. Ces moyens peuvent aller de la réunion formelle à un échange informel autour d'un café. Toutefois toute communication sera appuyée par un document qui consignera les décisions prises. Lorsque le moyen de communiquer est une réunion un certain nombre de règles de base doivent être respectées : la réunion doit se dérouler dans un temps très court (maximum 1 heure), l'animation et l'organisation de la réunion appartiennent au chef de projet, les réunions démarrent à l'heure. Ces règles sont d'autant plus importantes que ces actions sont récurrentes ; ainsi si on ne veut pas voir s'installer l'absentéisme, la lassitude de la part des acteurs, ces actions doivent être parfaitement organisées et respecter la planification de chacun.

Conseils

- *Les réunions doivent être courtes et dynamiques.*
- *Les réunions doivent commencer et finir à l'heure.*
- *L'animation des réunions fait partie des attributions du chef de projet donc des compétences à acquérir pour gérer un projet.*
- *Il faut privilégier dans les réunions l'utilisation de moyens modernes (projecteur informatique et vidéo, présentations Power Point...).*
- *Certaines réunions peuvent être organisées de manière moins formelle mais elles nécessitent toutes un compte rendu.*

• Consigner les décisions prises

La rédaction des décisions prises se traduit par des comptes rendus de réunions. Pour les réunions relevant d'actions de reporting il est souhaitable de rédiger le compte rendu en temps réel. C'est-à-dire que le compte rendu est rédigé au fur et à mesure de la réunion, soit à la main, soit directement saisi sur un ordinateur. L'idéal reste de disposer d'un projecteur informatique qui permet à l'ensemble des participants à la réunion de visualiser le compte rendu qui est saisi par le chef de projet ou la personne chargée de faire ce compte rendu. Ainsi à l'issue de la réunion le compte rendu est imprimé et directement diffusé aux acteurs présents. Ce dynamisme permet de ne pas perdre de temps dans des comptes rendus rédigés *a posteriori*, qui peuvent être modifiés volontairement ou involontairement par celui qui les rédige et partent ensuite dans un circuit de distribution courrier parfois très lent.

Conseils

- *Un projet doit rester dynamique, ainsi les décisions prises doivent pouvoir être exécutées le plus tôt possible.*
- *Il est souhaitable que le compte rendu soit rédigé par une autre personne que celui qui anime la réunion afin de ne pas nuire à l'animation.*
- *Les comptes rendus doivent être très synthétiques, ce sont plutôt des relevés de décision présentés sous forme de tableau.*

• Communiquer les décisions prises

Les réunions de reporting concernent généralement un nombre réduit d'acteurs (5 à 7 personnes maximum). Cependant il est ensuite nécessaire de diffuser l'information aux acteurs qui vont être impactés par les décisions prises. Cette information peut être diffusée par messagerie électronique ou par oral, mais là encore elle doit être étayée par les relevés de décision qui crédibilisent l'information. Dans certains cas la transmission des informations ne conduit pas nécessairement à des actions directes par l'acteur concerné. La communication peut avoir pour seul motif le maintien de la motivation, ou tout simplement une information au titre des bonnes relations qu'il peut y avoir entre les acteurs. Normalement toutes ces actions devraient être organisées dans le plan de communication du projet et c'est ce plan qui va guider le chef de projet dans les actions de reporting. Dans certains cas on peut diffuser l'information par un journal du projet ou une réunion d'information qui permet de toucher un spectre plus large d'acteurs.

Conseils

- *La communication peut avoir pour seul objectif de maintenir la motivation des acteurs.*
- *Il faut vérifier de ne communiquer que des décisions qui sont validées.*
- *Afin de faciliter le mode de communication l'utilisation de documents préformatés est toujours souhaitable.*
- *Les comptes rendus de réunions et les relevés de décisions permettent d'assurer la traçabilité du projet.*
- *La consignation par écrit des décisions permet de protéger le chef de projet contre la mauvaise foi et les malentendus.*

Les 10 points à retenir

1. **En phase de pilotage le planning n'est pas le seul document vivant ; en fait tous les documents du projet doivent faire l'objet de mises à jour régulières.**
2. **Le dossier projet doit être centralisé aussi bien en termes de documentation que de fichiers électroniques.**
3. **La préparation d'une action de reporting peut prendre plus de temps que l'action elle-même.**
4. **Si la communication va vers un acteur ou une instance décisionnelle la forme de la communication a autant d'importance que l'information elle-même.**
5. **Une réunion doit être conduite dans les règles de l'art au risque d'éroder la motivation des acteurs.**
6. **La gestion du temps dans une réunion est un des éléments essentiels.**
7. **Les comptes rendus de réunions doivent être synthétiques et permettre la mise en action immédiate des décisions prises.**
8. **Les comptes rendus de réunions doivent être rédigés pendant la réunion et non *a posteriori*.**
9. **Il faut vérifier que les décisions ont été complètement validées avant de les communiquer au plus grand nombre.**
10. **Dans certains cas la communication a pour seul but d'informer pour maintenir la motivation.**

10 – Faire le bilan du projet

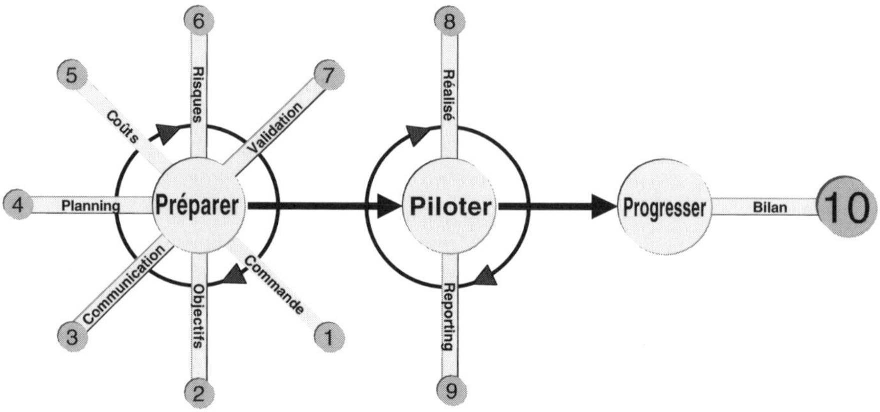

Acteurs réalisant la fiche	Acteur destinataire du document

Document utilisé	**Type de document**
Grille de bilan	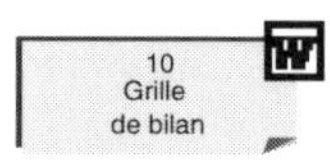
Actions à entreprendre	
• Rassembler tous les documents du projet • Réunir les acteurs principaux du projet • Analyser les « + » et les « – » du projet • Construire un plan d'amélioration • Communiquer le plan d'amélioration	
Remarque	
• *Le bilan fait partie intégrante du projet. Même si une certaine lassitude s'est installée, le temps investi dans le bilan est extrêmement rentable. S'il n'y pas de bilan écrit les erreurs seront répétées sur d'autres projets.*	

10 – Faire le bilan du projet

La phase de bilan est généralement la plus négligée du projet même si c'est elle qui peut offrir le meilleur retour sur investissement. Les raisons sont simples : la lassitude des acteurs ne les pousse pas à revenir sur un projet qui au sens commanditaire est terminé puisque le résultat est livré, le projet s'est peut être mal déroulé et il n'est pas politiquement correct de revenir sur les évènements passés, le chef de projet s'est vu confier un nouveau projet et n'a plus le temps de faire le bilan. Le bilan apporte beaucoup autant sur le plan individuel qu'au niveau de l'entreprise. Le bilan ne peut pas se limiter à de l'oral c'est une véritable action de gestion qui rentre dans la logique de capitalisation de l'entreprise. Le bilan de projet est un outil puissant du knowledge management.

Détail des actions à entreprendre

• Rassembler tous les documents du projet

En théorie tous les documents du projet devraient être centralisés pendant la phase de pilotage, cependant il est nécessaire de collecter tous les documents qui pourraient être détenus par les différents acteurs du projet. Ces documents sont tous les documents de gestion du projet, ainsi que les différents comptes rendus de réunions successifs aux actions de reporting. Il convient ensuite de classer ces documents par date afin de pouvoir tracer l'histoire du projet. Un travail de synthèse est alors réalisé par le chef de projet sur les principaux événements du projet notamment en matière de modification des objectifs, consécutivement à des demandes du commanditaire ou à des aléas.

Conseils	• *Faire une réunion d'information avec les experts et les ressources principales en leur demandant d'effectuer un recensement des documents projet.* • *Mettre les documents dans un support qui permet une consultation ultérieure facile.* • *Faire une synthèse chronologique des événements du projet en s'appuyant sur les plannings.*

• Réunir les acteurs principaux du projet

La réunion doit être organisée de façon à ce qu'elle ne soit pas un règlement de compte mais bien un travail sur les faits qui se sont déroulés dans le projet.

Conseils	• *Rappeler en début de réunion les objectifs de la capitalisation.* • *Demander éventuellement un travail préparatoire aux participants de la réunion.* • *Terminer la réunion par un pot ou un repas en n'oubliant pas de remercier les acteurs qui ont contribué au projet.*

• Analyser les « + » et les « – » du projet

Cette analyse doit être réalisée à partir de l'historique synthétique effectué par le chef de projet, cela permet d'avoir une structure de travail et que le débat ne parte pas dans tous les sens. Ce travail doit s'effectuer dans deux plans : celui de la gestion de projet et celui de la fabrication du produit. Ainsi l'analyse critique pourra être faite à la fois par les experts et les ressources sur les aspects techniques, et par le chef de projet sur les aspects de gestion. L'analyse doit être mise dans un tableau affiché au mur ou sur un paper board afin que l'échange puisse être efficace. En face de chaque élément critiqué il faut faire une analyse des causes en se posant la question du dysfonctionnement ou du bon fonctionnement. D'une manière générale la recherche des causes doit plutôt porter sur des faits que sur des personnes. C'est au chef de projet qui anime cette réunion de veiller à ce que la réunion ne dérive pas.

Conseils

- *Fabriquer un tableau avant la réunion avec les + et les – et les causes, et utiliser ce tableau pour animer la réunion en le remplissant au fur et à mesure.*
- *Si le projet a rencontré des conflits ou des difficultés sur le plan humain, il peut être utile de faire animer cette réunion par quelqu'un de neutre par rapport au projet ou par un consultant externe.*
- *Utiliser éventuellement un diagramme d'Ishikawa pour la recherche des causes.*

• Construire un plan d'amélioration

Un bilan sans plan d'action ne sert à rien. Le plan d'amélioration doit aussi comporter les deux volets, technique et de gestion. L'idéal est de construire un plan d'amélioration à court terme, à moyen terme, à long terme. Dans une première phase, ce plan d'amélioration doit être construit sans aucune censure, avec le plus de créativité possible. Dans ce cas, la réunion peut être construite en deux temps : un premier temps de créativité avec l'ensemble des acteurs du projet, un deuxième temps avec un groupe restreint qui serait chargé de faire le tri entre les idées afin de ne retenir que celles qui sont réalisables et en adéquation avec la stratégie de l'entreprise. Cette réunion doit être effective dès la fin du projet car il sera ensuite très difficile de mobiliser les ressources, voire de les rencontrer. En outre si la réunion intervient trop tardivement, même si cela permet une certaine prise de recul, beaucoup d'informations seront perdues ou oubliées. La solution « riche » serait de faire un bilan à chaud et un bilan quelques semaines plus tard.

Conseils

- *Laisser tous les acteurs s'exprimer sur le plan d'amélioration sans retenue.*
- *Organiser si possible cette première partie de la réunion sous forme de remue-méninges.*
- *Si un tri est effectué à la suite du remue-méninges, informer ceux qui ont participé des résultats du tri.*
- *Impliquer le commanditaire dans toutes les phases du bilan.*

• Communiquer le plan d'amélioration

Avant d'effectuer la communication, le bilan doit être mis sous une forme exploitable en fonction des objectifs de communication. Là encore on peut raisonner sur les deux registres, promotionnel et opérationnel. Le bilan s'il est globalement positif, doit servir aussi à mettre en valeur les acteurs qui se sont engagés dans le projet, c'est pourquoi une communication plus promotionnelle peut être mise en œuvre sans bien sûr que cette communication soit disproportionnée par rapport au projet. La communication opérationnelle doit consister en une intervention du chef de projet vers de futurs chefs de projet susceptibles de mener un projet similaire. La capitalisation est alors immédiate et hautement rentable pour l'entreprise. Les projets les plus intéressants en matière de capitalisation sont ceux qui ont connu d'importantes difficultés, le bilan est alors parfois difficile à communiquer. Enfin pour terminer le projet il faut archiver l'ensemble des dossiers du projet. Cet archivage organisé au niveau de tous les projets permettra aux futurs chefs de projet d'accéder à de l'information et des documents directement utilisables pour leur propre projet. Aujourd'hui cet archivage dynamique est grandement facilité par des produits de type intranet documentaires ou des produits de conduite de projet comme O3.

Conseils

- *Valoriser les acteurs du projet en utilisant le bilan dans une communication promotionnelle.*
- *Favoriser une communication large sur les difficultés d'un projet et sur les causes de ces difficultés.*
- *Utiliser les outils informatiques pour archiver les dossiers projets car ils obligent à avoir une organisation structurée et dynamique.*

Les 10 points à retenir

1. **Faire une synthèse de l'histoire du projet en s'appuyant sur le planning et les comptes rendus.**
2. **Rassembler tous les dossiers du projet dans un lieu et avec un moyen unique et centralisateur.**
3. **Faire une réunion de tous les acteurs du projet en leur demandant de préparer en amont une synthèse de leur perception du projet.**
4. **Finir la réunion par un pot ou un repas pour fédérer une dernière fois l'équipe.**
5. **Faire une analyse des points forts et des points faibles du projet sur les aspects techniques et sur les aspects organisationnels.**
6. **Analyser uniquement les faits et non pas les comportements des différents acteurs pendant le projet.**
7. **Organiser un remue-méninges sur les points d'amélioration à mettre en œuvre.**
8. **Impliquer le commanditaire dans la réalisation du bilan du projet.**
9. **Utiliser le bilan pour faire une communication écrite et orale auprès des autres acteurs de l'entreprise.**
10. **Organiser l'archivage des documents du projet avec pour objectif une réutilisation dynamique des éléments du projet.**

Deuxième partie

10 livrables à l'usage de ceux qui ont déjà conduit des projets ou qui ont lu la première partie

Cette partie est destinée à ceux qui ont déjà conduit plusieurs projets, ou à ceux qui ont lu la première partie.

Elle permet de mettre en œuvre facilement la méthodologie en s'appuyant sur les documents qui jalonnent la vie d'un projet.

Les documents peuvent être modifiés et personnalisés en fonction de l'utilisation que vous voulez en faire ou des projets que vous voulez mettre en œuvre.

Les livrables peuvent être complétés par la check-list de questions de la troisième partie, ainsi vous pourrez facilement et rapidement dérouler la méthode.

Tous les livrables sont importants, cependant le chef de projet peut décider pour un projet d'ignorer la mise en œuvre d'un livrable ou de le remplacer par un autre document.

Que trouverez-vous dans cette partie ?

Pour chaque livrable vous trouverez :

- Une présentation sommaire du document.
- Des conseils de mise en œuvre du document aussi bien pour son remplissage que pour la mise en œuvre des techniques.
- Une présentation sous forme de « hard copy » du document.
- Un rappel des 5 points importants concernant la mise en œuvre des techniques liées au document.
- Un schéma indiquant à quels moments de la méthode le document peut être utilisé.

Quels sont les points importants ?

Cette partie est essentielle car c'est par la mise en œuvre des documents que se traduit la gestion de projet. La gestion de projet est visible par ses livrables, et ces livrables démontrent le professionnalisme du chef de projet.

La mise en œuvre des documents permet de rassurer le commanditaire sur la manière de faire. Elle donne une transparence au projet et assure une excellente capitalisation des éléments projet.

Cette partie permet d'appuyer les 2 assertions suivantes :

- Tout ce qui n'est pas écrit n'existe pas.
- Tout ce qui peut être mal compris le sera.

Que sont les livrables ?

La méthode contient 10 livrables. Les livrables sont les documents qu'illustre la mise en œuvre des outils décrits dans les fiches de la méthode.

Les livrables seront décrits de manière détaillée dans ce chapitre. Des matrices de ces livrables réalisées sous Word, Excel et Power Point sont à disposition du lecteur dans le CD joint à cet ouvrage.

Les livrables sont :

1. La commande du commanditaire.
2. La note de cadrage.
3. Le plan de communication.
4. Le planning détaillé.
5. Le budget détaillé.
6. La grille d'analyse des risques.
7. Le compte rendu de réunion.
8. La revue de projet.
9. La fiche de reporting.
10. La grille de bilan.

À titre de rappel les livrables s'articulent dans la méthode de la manière suivante :

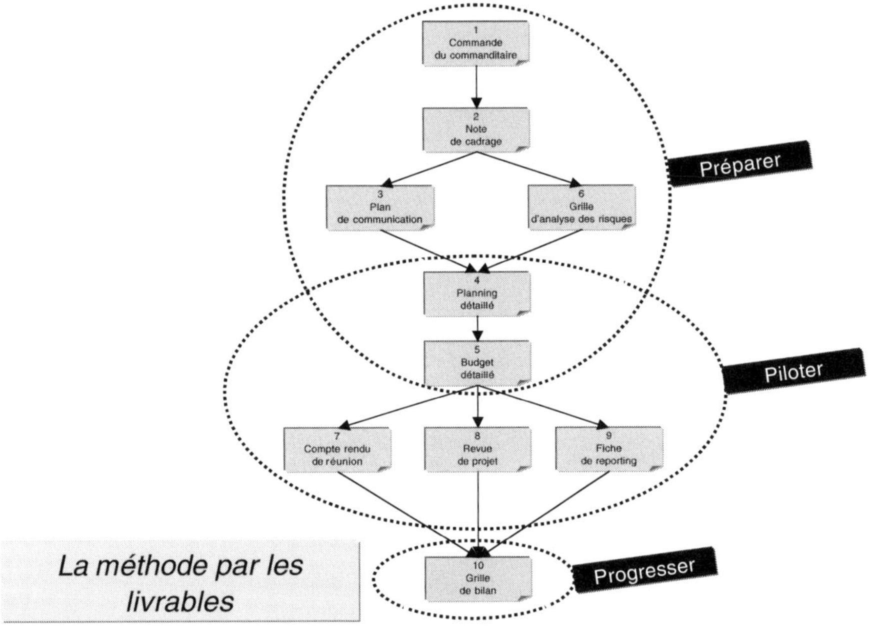

Comment utiliser les outils bureautiques pour mettre en œuvre les livrables

Vous pourrez mettre en œuvre l'ensemble des livrables avec le pack office de Microsoft soit les logiciels suivants Word, Excel, Power Point.
Toutefois pour le planning détaillé vous pourrez utiliser au choix Excel ou Project. Project n'est donc pas indispensable pour mettre en œuvre la méthode mais compte tenu de sa diffusion grandissante, même au sein des acteurs dont ce n'est pas le métier de gérer des projets, il semble indispensable d'offrir la possibilité de planifier avec un outil performant et pratique.

Les documents seront donc mis en œuvre par les produits bureautiques suivants :

Nom du document	Logiciel utilisé
01 *Commande du commanditaire*	*Word*
02 *Note de cadrage*	*Word*
03 *Plan de communication*	*Word*
04 *Planning détaillé*	*Excel ou Project*
05 *Budget détaillé*	*Excel*
06 *Grille d'analyse des risques*	*Word*
07 *Compte rendu de réunion*	*Word*
08 *Revue de projet*	*Power Point*
09 *Fiche de reporting*	*Excel*
10 *Grille de bilan*	*Word*

Pour chaque document vous trouverez les rubriques suivantes :

- Une présentation sommaire du document.
- Des conseils de mise en œuvre du document à l'intérieur de la méthode.
- Une présentation détaillée du document avec des explications pour renseigner chaque rubrique (à l'intérieur du document dans le CD vous trouverez pour chaque rubrique une infos-bulle qui vous renseignera sur les éléments à insérer pour chacun des thèmes).
- Les 5 points importants concernant la mise en œuvre du document.
- Les points d'utilisation du document dans la méthode.

Tous les documents ont une présentation uniforme afin de faciliter la communication entre les acteurs du projet.

Les documents possèdent aussi un en-tête et un pied de page qu'il convient de renseigner afin d'assurer la traçabilité des documents dans la démarche projet. Ainsi il peut être utile de conserver les différentes versions des documents, qui constituent ainsi des avenants à la version précédente. La conservation des documents permet aussi de faire le bilan du projet plus facilement mais aussi la capitalisation en mettant à disposition des autres chefs de projet les documents d'un projet similaire.

Tous les documents sont présents dans le CD et libres d'utilisation pour tous les projets que vous mènerez. Ils peuvent bien sûr être complétés et améliorés en fonction des projets que vous avez à conduire.

Commande du commanditaire

Présentation sommaire

• La commande du commanditaire

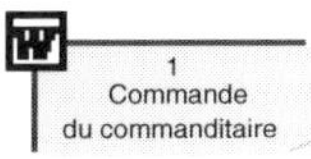

C'est le document initial qui va lancer le système projet. C'est un document renseigné par le commanditaire du projet qui va expliquer ses souhaits et les conditions de réalisation du projet Ce document est en quelque sorte le « cahier des charges » du produit et du projet. Cependant lorsque la demande est complexe il est souhaitable de réaliser un véritable cahier des charges qui explicitera en détail les résultats attendus. Ce cahier des charges viendra en annexe de la commande du commanditaire.

Conseils de mise en œuvre

- Proposer au commanditaire la matrice du document lorsqu'il lance le projet en lui expliquant éventuellement l'utilité des documents et les grands principes de la méthode.
- Si le commanditaire ne souhaite pas renseigner le document c'est au chef de projet de lui faire une proposition de contenu.
- Rester synthétique dans le document, ne pas hésiter à lui joindre des annexes qui contiendront le développement de certains thèmes. C'est le cas par exemple du cahier des charges, mais dans certains cas d'autres éléments comme des études de faisabilité ou des budgets prévisionnels qui ont pu être réalisés en amont du lancement du projet.
- Éviter de réaliser trop de versions de la commande, la note de cadrage qui suit servira à affiner les objectifs et à gérer de manière beaucoup plus précise les évolutions de la commande.
- Si c'est possible la commande du commanditaire doit être signée par celui qui la rédige.
- Si celui qui rédige la commande n'est pas l'initiateur du projet il faut faire valider la commande par celui qui a lancé le projet initialement.
- Ne pas accepter de continuer la méthodologie ni le projet si un document ne formalise pas la commande initiale.

Présentation détaillée

Nom du projet	COMMANDE DU COMMANDITAIRE	Livrable N°01

But à atteindre	Xxxxxxxx
Contexte de la demande	Xxxxxxxxx
Résultats attendus	Xxxxxxxxx
Calendrier souhaité	Xxxxxxxxx
Budget prévu	Xxxxxxxxx
Articulation avec d'autres projets	Xxxxxxxxx
Chef de projet souhaité	Xxxxxxxxx
Nom du demandeur	Xxxxxxxxx

Auteur:
Nom du fichier:
Date de création:
Date de modification:
Page 1
N° de version:

But à atteindre : Indiquer de manière générale le but que l'on se propose d'atteindre dans le cadre du projet, le but peut être appelé objet du projet.
Contexte de la demande : Donner tous les éléments susceptibles d'améliorer la compréhension du projet et de son environnement (interne ou externe à l'entreprise).
Résultats attendus : Faire la liste de tous les éléments, produits et livrables qui devront être réalisés dans le projet. Cette liste doit comprendre aussi les documents.
Calendrier souhaité : Donner les dates de début et de fin souhaitées pour le projet. Indiquer si nécessaire les échéances intermédiaires dont les dates sont contraignantes.
Budget prévu : Donner les éléments d'évaluation financière du budget du projet. Ce budget peut être complété par les ressources humaines ou matérielles nécessaires au projet.
Articulation avec d'autres projets : Indiquer si le projet est dépendant d'autres projets. Indiquer si le projet fait partie du projet d'entreprise.
Chef de projet souhaité : Préciser la personne que le commanditaire souhaite pour effectuer la gestion du projet.

Nom du demandeur : Donner le nom et les coordonnées de la personne qui effectue la demande de projet, si celui qui rédige est différent de l'initiateur du projet, donner le nom de l'initiateur.

Les 5 points importants

1. Ne pas commencer un projet sans que la demande soit formulée par écrit par le commanditaire ou le chef de projet.
2. Les éléments de la commande ne sont pas figés, ce sont les points de départ du cadrage du projet qui sera réalisé de manière détaillée ensuite.
3. Il faut connaître l'origine du projet, c'est-à-dire notamment la personne qui a été l'initiateur de la demande.
4. Il faut élargir la définition du contexte du projet au contexte externe, la concurrence par exemple.
5. Si le commanditaire ne veut pas rédiger le document, le chef de projet doit être « force de proposition » et rédiger le document lui-même en le faisant valider ensuite par le commanditaire.

Points d'utilisation dans la méthode

Le document est utilisé dans la phase « Préparer » et créé dans la fiche N° 1 « Formuler la demande et la présenter ».

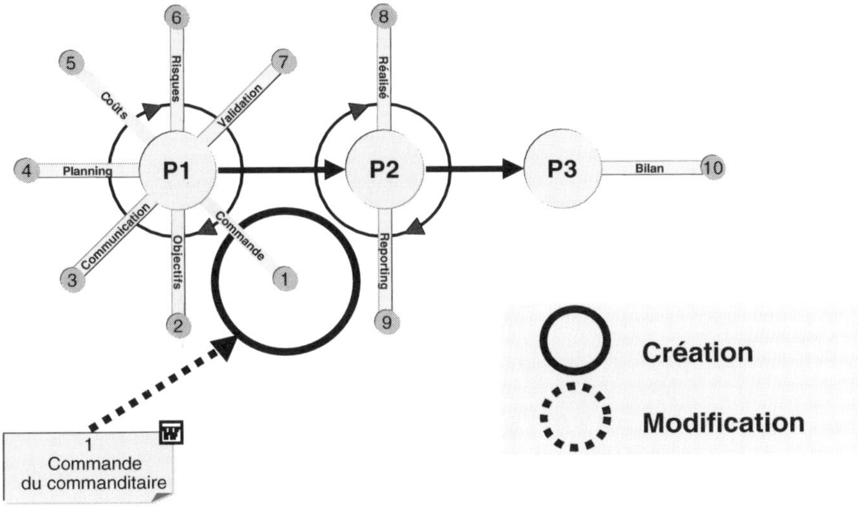

Phase 1
Préparer

Note de cadrage

Présentation sommaire

• La note de cadrage

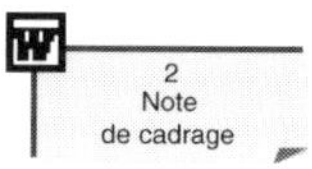

Ce document est réalisé par le chef de projet. Il va servir à transformer une commande en un projet. La commande va être formulée en termes d'objectifs afin que le chef de projet et le commanditaire puissent obtenir un accord commun sur les résultats attendus. C'est aussi dans ce document que seront précisés les éléments du contexte du projet. Ce document est certainement le plus important de tous les documents de la méthode car il va servir de contrat entre les acteurs du projet et restera un référentiel permanent pendant toute la vie du projet.

Conseils de mise en œuvre

- Réaliser une première mouture complète de la note de cadrage, même si elle est imparfaite, pour l'utiliser comme base de travail pour une réunion avec le commanditaire, car il est toujours plus facile d'améliorer les éléments à partir d'une base de travail.
- Préciser sur la note de cadrage que tous les éléments de la planification sont des hypothèses de travail et qu'ils nécessitent une planification détaillée pour constituer une base contractuelle.
- La note de cadrage est un document qui va continuer d'être enrichi jusqu'à la fiche 7, il est donc nécessaire de gérer plusieurs versions et de conserver les versions antérieures pour mémoriser les évolutions dans les objectifs du projet.
- Il ne faut pas chercher à tout mettre dans la note de cadrage qui doit rester un document synthétique. Il vaut mieux mettre en annexe des documents complémentaires qui détaillent certains éléments devant être explicités.
- La note de cadrage est le document principal de la gestion de projet, c'est en quelque sorte le « cahier des charges » du projet, sa rédaction est sous la responsabilité du chef de projet avec la validation du

commanditaire, en conséquence cette rédaction ne doit pas être déléguée à quelqu'un d'autre que le chef de projet.

- La note de cadrage peut être utilisée comme document de communication notamment vers des acteurs extérieurs au projet. Il faut donc faire attention à la confidentialité éventuelle de certaines informations, ou réaliser deux versions de cette note dont une édulcorée servira à la communication courante.

Présentation détaillée

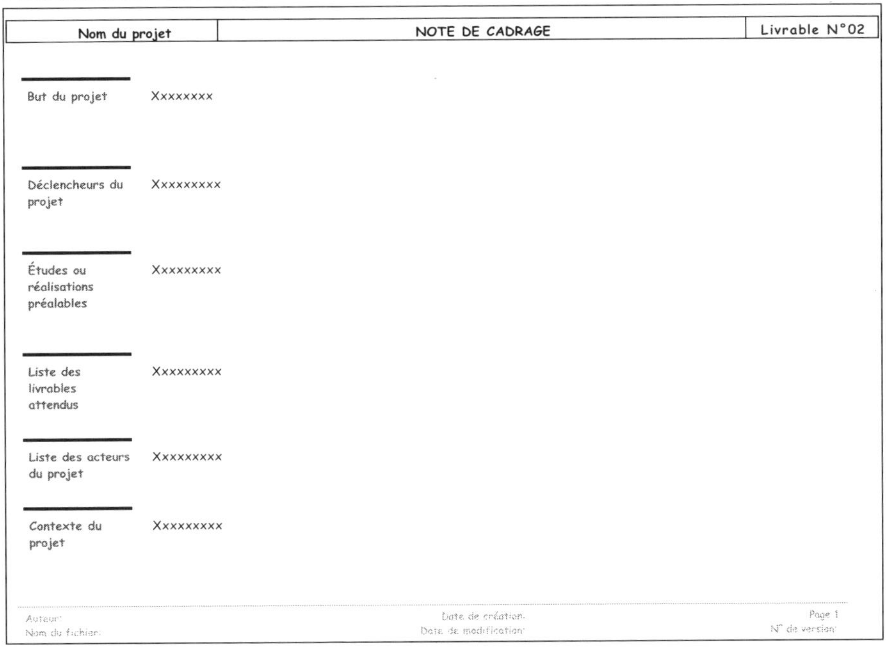

Nom du projet	NOTE DE CADRAGE	Livrable N°02

But du projet	Xxxxxxxx
Déclencheurs du projet	Xxxxxxxxx
Études ou réalisations préalables	Xxxxxxxxx
Liste des livrables attendus	Xxxxxxxxx
Liste des acteurs du projet	Xxxxxxxxx
Contexte du projet	Xxxxxxxxx

Auteur: Date de création: Page 1
Nom du fichier: Date de modification: N° de version:

But du projet : Reprendre la formulation générale du commanditaire sur le but du projet et la reformuler de manière plus précise et opérationnelle.
Déclencheurs du projet : Faire la liste de tous les éléments qui ont été à l'origine du projet et qui ont permis la décision de mettre en œuvre le projet.
Études ou réalisations préalables : Faire la liste de toutes les études ou fabrications antérieures à la date de démarrage du projet. Cette liste peut comporter des éléments ayant été réalisés en amont du projet (étude de faisabilité) ou des éléments réalisés par d'autres acteurs même externes à l'entreprise.
Liste des livrables attendus : Donner la liste de tous les résultats concrets attendus par le commanditaire. Cette liste doit être complétée par les critères de performance de ces résultats qui satisferont le commanditaire.

Liste des acteurs du projet : Faire la liste de tous les acteurs qui vont participer de près ou de loin au projet. Doivent être cités obligatoirement le commanditaire, le chef de projet et les experts.
Contexte du projet : Lister tous les éléments qui permettent une meilleure compréhension de l'environnement du projet. Dans cette liste doivent apparaître les éléments du contexte humain, technique, concurrentiel, environnemental.

Présentation détaillée (suite)

Nom du projet	NOTE DE CADRAGE	Livrable N°02
Macro planning du projet	Xxxxxxxxx	
Macro planning de charge du projet	Xxxxxxxxx	
Budget prévisionnel du projet	Xxxxxxxxx	
Objectifs à renégocier	Xxxxxxxxx	
Destinataires de la note de cadrage	Xxxxxxxxx	
Documents joints	Xxxxxxxxx	
Auteur : Nom du fichier :	Date de création : Date de modification :	Page 2 N° de version :

Macro planning du projet : Faire la liste des grandes tâches nécessaires à la réalisation du projet. Chaque tâche doit comporter une date de début et une date de fin. Ce macro planning ne constitue pas un engagement contractuel.
Macro planning de charge du projet : Chiffrer pour chaque grande tâche du projet la charge totale en jours × homme nécessaire à la réalisation de la tâche. Si nécessaire dissocier les ressources internes à l'entreprise des ressources externes.
Budget prévisionnel du projet : Calculer le budget nécessaire à la réalisation de chacune des grandes tâches du projet. Ce budget est la somme du coût des ressources humaines ajoutée à la somme des achats, ajoutée à la somme des coûts des ressources matérielles.

Objectifs à renégocier : Faire la liste des objectifs qui nécessitent une renégociation auprès du commanditaire. Ces objectifs permettront d'équilibrer le triangle Coût/Qualité/Temps.
Destinataires de la note de cadrage : Faire la liste de tous les acteurs ou instances qui vont recevoir la note de cadrage. Certains acteurs peuvent être destinataires pour action, d'autres pour information.
Documents joints : Lister tous les documents qui vont être joints à la note de cadrage pour l'étayer ou pour détailler certaines informations trop synthétiques.

Les 5 points importants

1. **Il vaut mieux réaliser n versions de la note de cadrage et négocier les objectifs avant de lancer le projet, plutôt que de vouloir aller vite et lancer le projet avec un cadrage imparfait.**
2. **La note de cadrage est le document le plus important de la gestion de projet, il ne faut donc pas envisager de lancer un projet sans note de cadrage.**
3. **Le chef de projet doit investir le temps nécessaire à l'élaboration de la note de cadrage, quitte à multiplier les entretiens avec le commanditaire.**
4. **La note de cadrage doit être rédigée de façon à ce qu'elle soit compréhensible par une personne qui ne fait pas partie du projet. Les termes techniques doivent donc faire l'objet d'un glossaire.**
5. **La note de cadrage doit être synthétique, et accompagnée si besoin est, de documents complémentaires plus développés.**

Points d'utilisation dans la méthode

Le document est utilisé dans la phase « Préparer » et créé dans la fiche N° 2 « Mettre la commande en mode projet ». Il va être mis à jour dans la fiche N° 7 « Valider le cadrage du projet ».

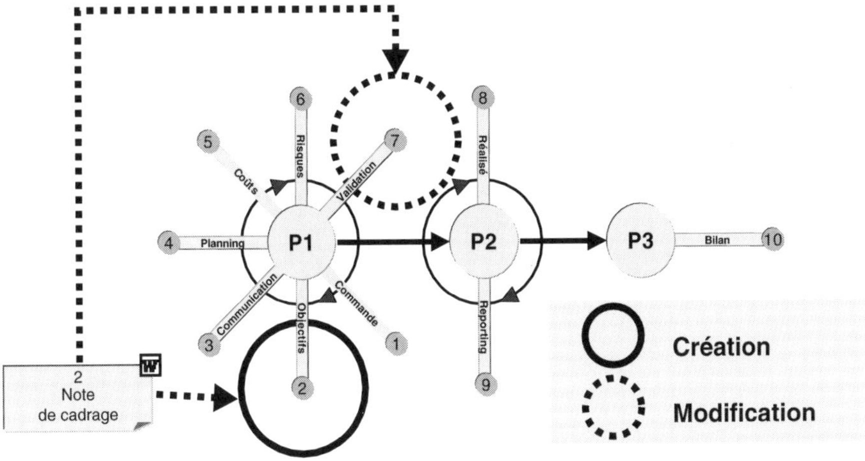

Plan de communication

Présentation sommaire

• Le plan de communication

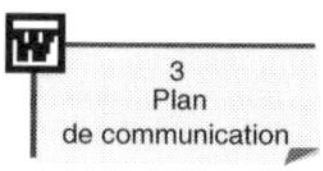

Ce document va formaliser toute l'organisation de la communication dans le projet. Ce travail est le fruit d'une réflexion conjointe entre le commanditaire et le chef de projet. Ce travail est difficile et doit être réalisé avec soin, notamment dans les projets où il existe des problématiques humaines. Par exemple en matière de résistances, une bonne communication est un des premiers facteurs de réussite.

Conseils de mise en œuvre

- Un plan de communication doit être simple afin qu'il soit applicable. Il vaut mieux un plan de communication simple et compréhensible, et qui soit appliqué de manière exhaustive, qu'un plan de communication très ambitieux que l'on n'aura pas les moyens ou le temps de mettre en œuvre.
- Si le commanditaire n'exprime pas de souhaits en matière de communication c'est au chef de projet de proposer une organisation de la communication. Les propositions doivent être validées par le commanditaire avant d'être mises en œuvre dans le projet. La communication peut faire des dégâts très importants si elle est mal construite.
- Le choix d'une stratégie de communication peut être en total décalage avec les habitudes de communication de l'entreprise ; cette orientation peut permettre au projet d'avoir une reconnaissance par les acteurs de l'entreprise très importante.
- Certains acteurs peuvent être destinataires de plusieurs types de communication, il faut donc s'assurer de la cohérence des éléments communiqués, c'est l'objectif du plan de communication.
- Le plan de communication peut faire l'objet d'une mise à jour dans la fiche n° 7 de la méthode à l'occasion de la validation du cadrage du

projet. Si en cours de pilotage les objectifs sont radicalement modifiés il peut être utile de modifier aussi le plan de communication.

- Les réunions ne sont pas le seul moyen de communication, il faut être créatif et imaginer ou utiliser tous les moyens possibles en s'assurant qu'ils soient adaptés.
- Attention à ne pas sous-estimer la charge de travail nécessaire à la mise en œuvre du plan de communication.

Présentation détaillée

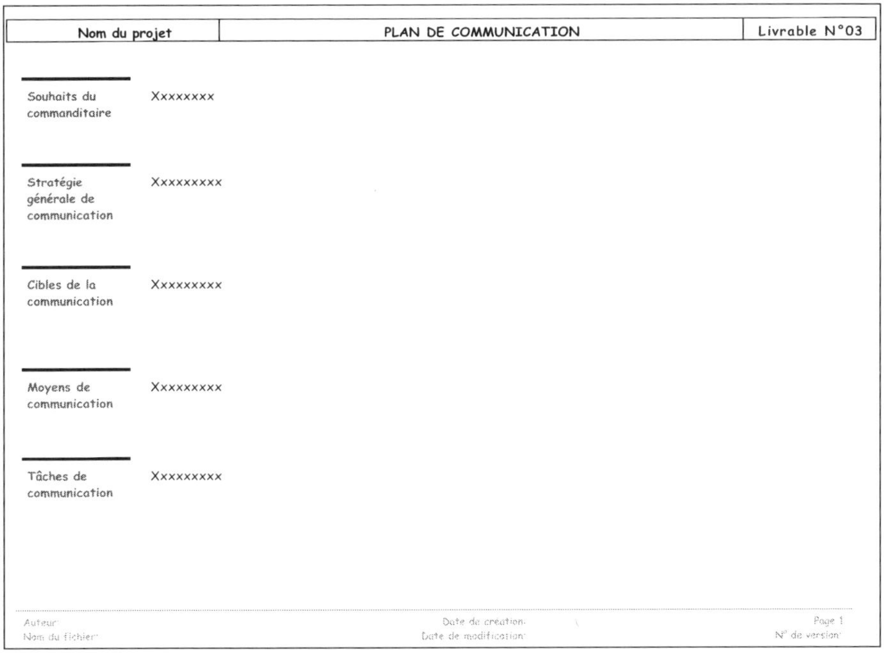
Nom du projet	PLAN DE COMMUNICATION	Livrable N°03

Souhaits du commanditaire	Xxxxxxxx
Stratégie générale de communication	Xxxxxxxxx
Cibles de la communication	Xxxxxxxxx
Moyens de communication	Xxxxxxxxx
Tâches de communication	Xxxxxxxxx

Auteur: Nom du fichier: Date de création: Date de modification: Page 1 N° de version:

Souhaits du commanditaire : Faire la liste des souhaits et des contraintes imposées par le commanditaire en matière de communication. Cette liste doit être très précise et concrète.

Stratégie générale de communication : Définir les grands axes de communication et les grands choix qui doivent être mis en place pour avoir une communication cohérente. Les mots employés doivent être compréhensibles par tous et la stratégie décidée applicable et réaliste.

Cibles de la communication : Faire la liste des acteurs ou des instances (groupes d'acteurs) internes ou externes à l'entreprise devant faire l'objet d'une communication. Les cibles représentent l'ensemble des destinataires de la communication.

Moyens de communication : Faire la liste des moyens à employer pour mettre en œuvre la communication (réunions de décision, réunions d'information, journal du projet, fax, e-mail, téléphone, repas…). Les moyens choisis doivent être adaptés à la stratégie choisie.
Tâches de communication : Faire la liste de toutes les tâches nécessaires à la mise en œuvre de la communication. Ne pas oublier dans cette liste les tâches liées à la préparation de la communication, et les tâches liées à la rédaction des différents comptes rendus.

Les 5 points importants

1. **Le plan de communication doit être clair, synthétique et réalisable afin d'être mis en œuvre dans sa totalité.**
2. **Les moyens de communication choisis doivent être variés et adaptés aux objectifs à atteindre.**
3. **Le plan de communication doit toujours être validé par le commanditaire.**
4. **Un plan de communication peut évoluer comme un planning, il peut donc faire l'objet de mises à jour régulières.**
5. **Le plan de communication est difficile à mettre en place dans le cas de résistances humaines fortes, il peut alors être nécessaire de faire appel à un spécialiste de la communication.**

Points d'utilisation dans la méthode

Le document est utilisé dans la phase « Préparer » et créé dans la fiche N° 3 « Définir les objectifs de communication ».
Il va être mis à jour dans la fiche N° 7 « Valider le cadrage du projet ».

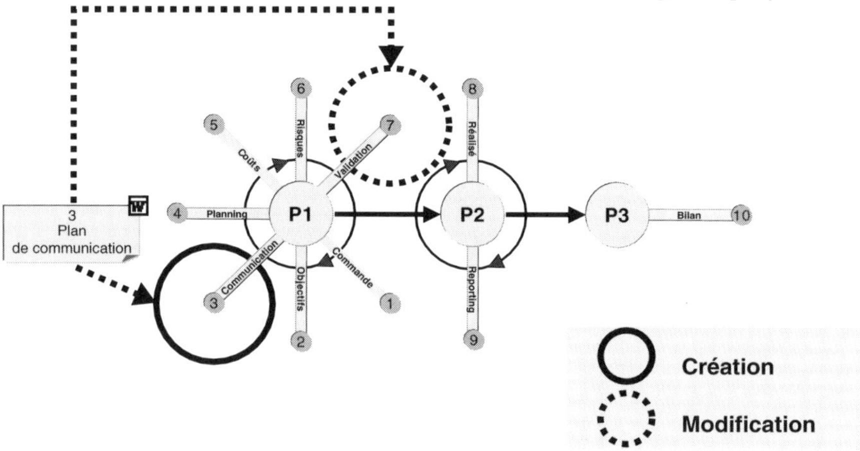

Planning détaillé

Présentation sommaire

• Le planning détaillé

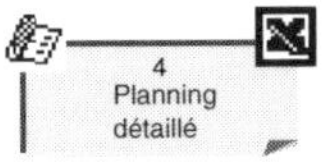

Ce document nécessite beaucoup de rigueur dans sa construction et fait appel aux techniques de planification. Le planning est élaboré conjointement entre les experts et le chef de projet. Le planning détaillé va constituer un des éléments essentiels du tableau de bord du chef de projet. Le planning est un livre de route indispensable pour un bon pilotage du projet.

Ce document peut être réalisé sous Excel ou sous Project si vous disposez du produit.

Conseils de mise en œuvre

- Faire la liste des tâches récapitulatives et élémentaires en utilisant des conventions typographiques différentes ou les fonctions de Project afin de faciliter la lecture du planning. Le nombre de niveaux de découpage doit être homogène pour toutes les tâches du planning.
- Indiquer les dates de début et de fin de chacune des tâches. Le différentiel entre la date de début et la date de fin donne le délai de réalisation de la tâche.
- Demander aux experts les contraintes techniques existantes entre les tâches de façon à établir le séquencement des tâches entre elles.
- Faire évaluer les durées et les charges par les experts pour chacune des tâches du planning.
- Chaque tâche doit normalement aboutir à un résultat concret. La validation de ce résultat concret ou livrable permet de déterminer en phase de pilotage l'état d'avancement du projet.
- Déterminer les ressources nécessaires à l'accomplissement de chaque tâche en n'oubliant pas les ressources matérielles.

- L'utilisation basique de Project reste simple, il faut donc si possible utiliser cet outil pour planifier car les modifications du planning et les mises à jour seront beaucoup plus faciles à effectuer qu'avec Excel.

Présentation détaillée (dans le cas de l'utilisation de Excel)

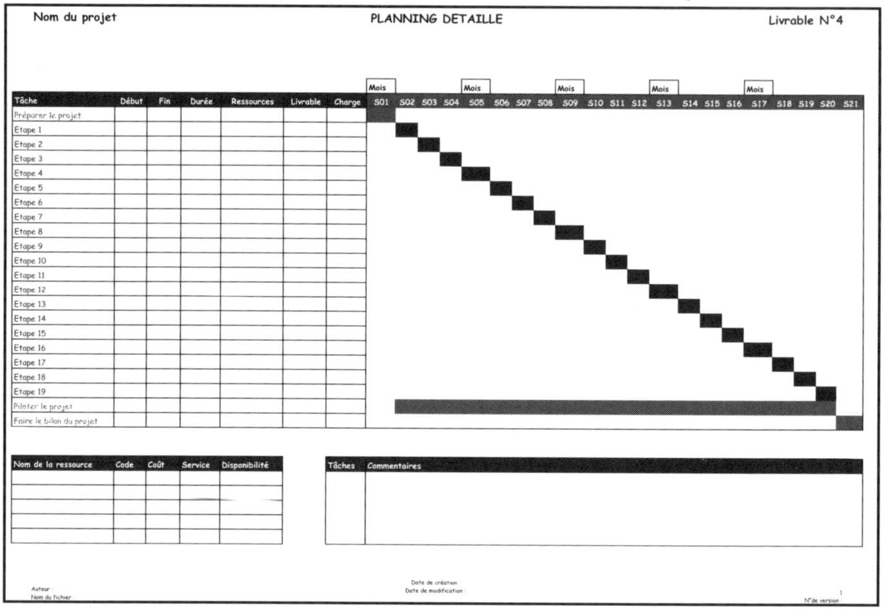

Tâche : Indiquer le nom des tâches à accomplir pour arriver au résultat.
Début : Indiquer la date de début de la tâche.
Fin : Indiquer la date de fin de la tâche.
Durée : Donner le nombre de jours travaillés pour accomplir la tâche.
Ressource : Lister les ressources nécessaires pour accomplir la tâche (ressources matérielles ou humaines). Ces ressources peuvent être codifiées dans le petit tableau en dessous du planning.
Livrable : Lister les résultats concrets obtenus à l'issue de la tâche.
Charge : Calculer le nombre total de jours de l'ensemble des ressources affectées à la tâche et nécessaires pour la réaliser.
Nom de la ressource : Donner le nom de la ressource humaine à codifier.
Code : Indiquer la codification utilisée pour cette ressource humaine dans le tableau.
Coût : Indiquer le coût par jour de la ressource humaine pour le projet.
Service : Préciser le service d'origine de la ressource.

Disponibilité : Indiquer la disponibilité en pourcentage ou en jours de la ressource.
Tâches : Lister les tâches nécessitant des explications sur leur contenu.
Commentaires : Expliciter le contenu des tâches.

Présentation détaillée (dans le cas de l'utilisation de Project)

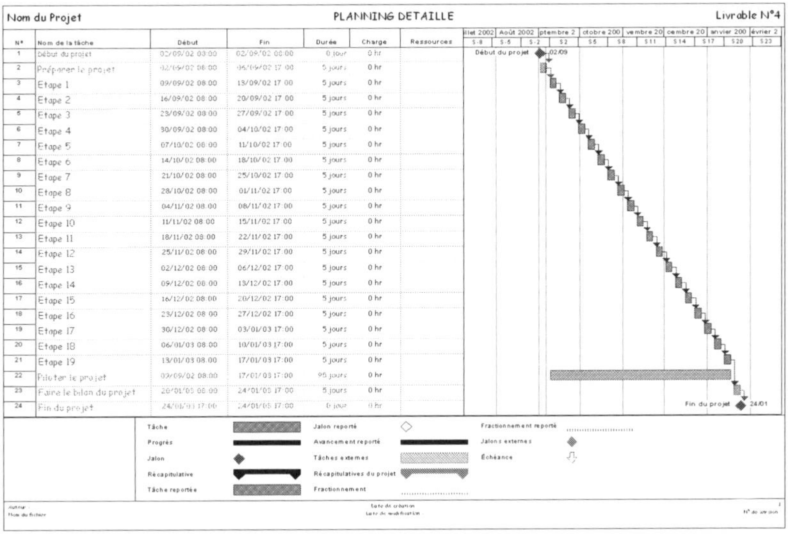

Nom du Projet — PLANNING DETAILLE — Livrable N°4

N°	Nom de la tâche	Début	Fin	Durée	Charge	Ressources
1	Début du projet	02/09/02 08:00	02/09/02 08:00	0 jour	0 hr	
2	Préparer le projet	02/09/02 08:00	06/09/02 17:00	5 jours	0 hr	
3	Etape 1	09/09/02 08:00	13/09/02 17:00	5 jours	0 hr	
4	Etape 2	16/09/02 08:00	20/09/02 17:00	5 jours	0 hr	
5	Etape 3	23/09/02 08:00	27/09/02 17:00	5 jours	0 hr	
6	Etape 4	30/09/02 08:00	04/10/02 17:00	5 jours	0 hr	
7	Etape 5	07/10/02 08:00	11/10/02 17:00	5 jours	0 hr	
8	Etape 6	14/10/02 08:00	18/10/02 17:00	5 jours	0 hr	
9	Etape 7	21/10/02 08:00	25/10/02 17:00	5 jours	0 hr	
10	Etape 8	28/10/02 08:00	01/11/02 17:00	5 jours	0 hr	
11	Etape 9	04/11/02 08:00	08/11/02 17:00	5 jours	0 hr	
12	Etape 10	11/11/02 08:00	15/11/02 17:00	5 jours	0 hr	
13	Etape 11	18/11/02 08:00	22/11/02 17:00	5 jours	0 hr	
14	Etape 12	25/11/02 08:00	29/11/02 17:00	5 jours	0 hr	
15	Etape 13	02/12/02 08:00	06/12/02 17:00	5 jours	0 hr	
16	Etape 14	09/12/02 08:00	13/12/02 17:00	5 jours	0 hr	
17	Etape 15	16/12/02 08:00	20/12/02 17:00	5 jours	0 hr	
18	Etape 16	23/12/02 08:00	27/12/02 17:00	5 jours	0 hr	
19	Etape 17	30/12/02 08:00	03/01/03 17:00	5 jours	0 hr	
20	Etape 18	06/01/03 08:00	10/01/03 17:00	5 jours	0 hr	
21	Etape 19	13/01/03 08:00	17/01/03 17:00	5 jours	0 hr	
22	Piloter le projet	09/09/02 08:00	17/01/03 17:00	95 jours	0 hr	
23	Faire le bilan du projet	20/01/03 08:00	24/01/03 17:00	5 jours	0 hr	
24	Fin du projet	24/01/03 17:00	24/01/03 17:00	0 jour	0 hr	

Nom de la tâche : Indiquer le nom des tâches à accomplir pour arriver au résultat (ce champ peut être utilisé pour indiquer un livrable, il faut alors saisir une valeur de 0 dans le champ durée, la tâche s'affiche alors sous la forme d'un jalon).
Début : Indiquer la date de début de la tâche (la saisie peut être faite à travers un calendrier accessible sous la forme d'une boîte à liste).
Fin : Indiquer la date de fin de la tâche (la saisie peut être faite à travers un calendrier accessible sous la forme d'une boîte à liste).
Durée : Donner le nombre de jours travaillés pour accomplir la tâche (par défaut dans Project une semaine = 5 jours, tous ces éléments sont paramétrables dans les options et dans le calendrier).
Charge : Calculer le nombre total d'heures (8h = 1j par défaut dans Project) de l'ensemble des ressources affectées à la tâche et nécessaires pour la réaliser. Ce champ est à l'origine appelé travail dans Project, il a été modifié afin d'être homogène avec le planning réalisé sous Excel.

Phase 1
Préparer

Ressource : Indiquer le nom ou le code des ressources nécessaires à la réalisation de la tâche (cette affectation peut aussi être réalisée avec la boîte de dialogue spécifique pour l'affectation des ressources ; attention le travail avec les ressources dans Project nécessite un minimum de formation car les modes d'affectation sont nombreux et agissent sur le calcul de la durée ou de la charge.

Les 5 points importants

1. **Les données contenant le planning (tâches, durées, liens, charges et ressources) doivent être fournies par les experts.**
2. **L'utilisation basique de Project ne nécessite pas de formation et permet un gain de temps en modification et en pilotage.**
3. **Le planning doit être réalisé en commun s'il y a plusieurs experts. Chaque expert doit valider sa partie. L'idéal serait d'avoir deux experts pour chaque spécificité technique et confronter leur planning respectif.**
4. **Un planning doit pouvoir être lu et compris par une personne extérieure au projet, il faut donc que sa représentation graphique soit simple.**
5. **Privilégier si possible l'utilisation de la couleur en affichage et en impression afin de faciliter la lecture du planning.**

Points d'utilisation dans la méthode

Le document est utilisé dans la phase « Préparer » et créé dans la fiche N° 4 « Construire le planning détaillé ».

Il va être mis à jour dans la fiche N° 7 « Valider le cadrage du projet » et évoluer périodiquement dans la fiche N° 8 « Mettre à jour la planification » de la phase « Piloter ».

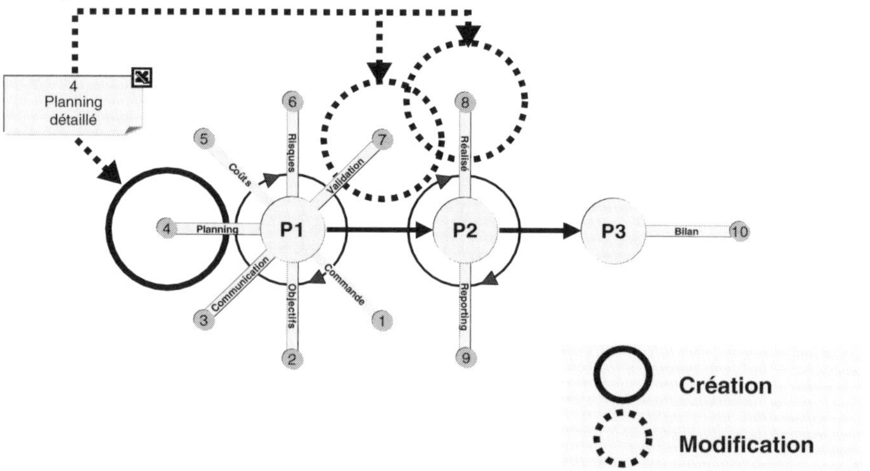

Budget détaillé

Présentation sommaire

• Le budget détaillé

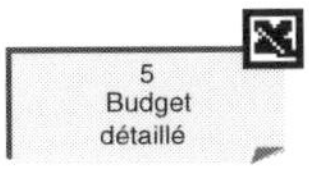

Ce document est établi à partir des tâches du planning détaillé. Pour chacune des tâches du planning les ressources et leurs coûts associés vont être comptabilisés afin de calculer le budget nécessaire à la réalisation du projet. Ce budget sera actualisé au fur et à mesure des évènements qui se dérouleront en phase de pilotage.

Conseils de mise en œuvre

- Le budget peut être soit une estimation indicative du coût total du projet, soit un chiffrage détaillé des coûts en respectant par exemple les règles de comptabilité analytique de l'entreprise dans laquelle se déroule le projet. Dans le deuxième cas le chiffrage détaillé nécessitera un découpage plus fin des tâches afin de prendre en compte le coût de chaque ressource humaine sur une seule tâche.
- Avant d'imputer des coûts dans le budget prévisionnel il faut s'assurer du périmètre de consolidation des coûts. Ce périmètre correspond à l'ensemble des coûts qui vont être imputés au projet.
- Le document doit être validé par les experts et le commanditaire avant d'être diffusé. En effet le chiffrage financier d'un projet a un impact fort sur les décisionnaires car il va permettre de calculer le retour sur investissement. Ce calcul peut entraîner l'arrêt du projet.
- La réalisation du budget est directement dépendante du niveau de précision du planning détaillé. Il peut donc être utile de revenir à la planification pour calculer le budget.
- Certains chiffrages complexes peuvent nécessiter une fiche complémentaire pour décrire les coûts affectés à une tâche.
- Le chiffrage des coûts peut aussi être effectué dans Project dans le fichier du planning détaillé. Néanmoins l'utilisation de ces fonctions nécessite la maîtrise de la gestion des ressources dans le logiciel, sauf si

on utilise la colonne coût fixe dans laquelle on indique le coût total de la tâche.

Présentation détaillée

Nom du projet — BUDGET DETAILLE — Livrable N°5

Tâches	Charge estimée	Coût journalier ressources humaines	Coût ressources matérielles	Coût sous traitance et achats	Totaux
Préparer le projet	5	500,00 €	0,00 €	0,00 €	2 500,00 €
Etape 1	10	400,00 €	100,00 €	200,00 €	4 300,00 €
Etape 2	10	400,00 €	100,00 €	200,00 €	4 300,00 €
Etape 3	10	400,00 €	100,00 €	200,00 €	4 300,00 €
Etape 4	10	400,00 €	100,00 €	200,00 €	4 300,00 €
Etape 5	10	400,00 €	100,00 €	200,00 €	4 300,00 €
Etape 6	10	400,00 €	100,00 €	200,00 €	4 300,00 €
Etape 7	10	400,00 €	100,00 €	200,00 €	4 300,00 €
Etape 8	10	400,00 €	100,00 €	200,00 €	4 300,00 €
Etape 9	10	400,00 €	100,00 €	200,00 €	4 300,00 €
Etape 10	10	400,00 €	100,00 €	200,00 €	4 300,00 €
Etape 11	10	400,00 €	100,00 €	200,00 €	4 300,00 €
Etape 12	10	400,00 €	100,00 €	200,00 €	4 300,00 €
Etape 13	10	400,00 €	100,00 €	200,00 €	4 300,00 €
Etape 14	10	400,00 €	100,00 €	200,00 €	4 300,00 €
Etape 15	10	400,00 €	100,00 €	200,00 €	4 300,00 €
Etape 16	10	400,00 €	100,00 €	200,00 €	4 300,00 €
Etape 17	10	400,00 €	100,00 €	200,00 €	4 300,00 €
Etape 18	10	400,00 €	100,00 €	200,00 €	4 300,00 €
Etape 19	10	400,00 €	100,00 €	200,00 €	4 300,00 €
Piloter le projet	20	500,00 €	0,00 €	0,00 €	10 000,00 €
Faire le bilan du projet	5	500,00 €	0,00 €	0,00 €	2 500,00 €
TOTAUX	220				96 700,00 €

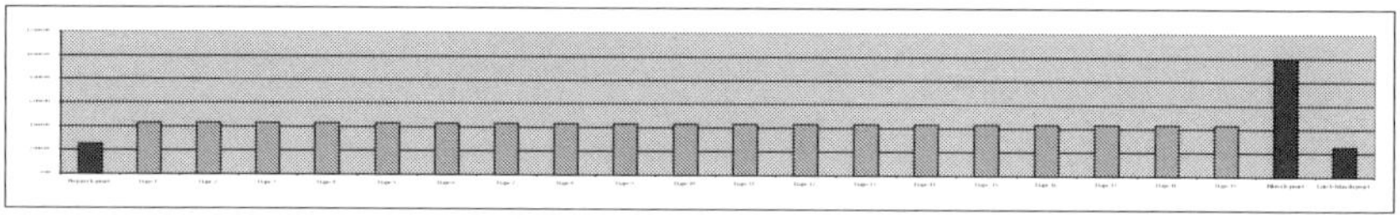

Auteur :
Nom du fichier :
Date de création :
Date de modification :
1
N°de version :

Tâches : Récupérer la liste des tâches venant du macro planning et les insérer dans le tableau Excel. Si vous utilisez Project et que vous maîtrisez la gestion des ressources et des coûts tous ces calculs peuvent être réalisés dans le fichier du planning détaillé.

Charge estimée : Reprendre la charge estimée totale de la tâche qui est égale à la charge totale des ressources affectées à cette tâche.

Coût journalier des ressources humaines : Mettre le coût moyen journalier des ressources affectées à la tâche. Si vous désirez un chiffrage précis du coût des tâches, et que plusieurs ressources humaines ont un coût différent sur cette tâche, il vous faudra décomposer la tâche en 2 tâches sur 2 lignes différentes. Si vous voulez un coût moyen indicatif vous pouvez saisir 300 € par jour de travail.

Coût ressources matérielles : Indiquez le total des coûts des ressources matérielles nécessaires à la réalisation de la tâche.

Coût sous-traitance et achats : Indiquez le total des coûts externes qui peuvent être le cumul des coûts de sous-traitance et des achats effectués pour la réalisation de la tâche.

Totaux : Le total est égal au nombre de jours indiqué en charge multiplié par le coût moyen des ressources humaines additionné avec les coûts des ressources matérielles, des achats et de la sous-traitance.

Les 5 points importants

1. **Le chiffrage des coûts peut être réalisé seulement à titre indicatif, il faudra alors s'assurer de l'éventuelle confidentialité du coût du projet.**
2. **La valorisation des ressources doit être homogène pour tout le projet afin d'avoir un chiffrage cohérent des coûts.**
3. **Le coût doit toujours être calculé dans un projet pour connaître le retour sur investissement.**
4. **Le travail sur les coûts doit être effectué avec les experts et validé par le commanditaire avant toute diffusion.**
5. **Les coûts vont évoluer comme le planning en phase de pilotage, on trouvera ainsi les données du « prévu » et les données du « réalisé ».**

Points d'utilisation dans la méthode

Le document est utilisé dans la phase « Préparer » et créé dans la fiche N° 5 « Chiffrer les coûts ».
Il va être mis à jour dans la fiche N° 7 « Valider le cadrage du projet » et évoluer périodiquement dans la fiche N° 8 « Mettre à jour la planification » de la phase « Piloter ».

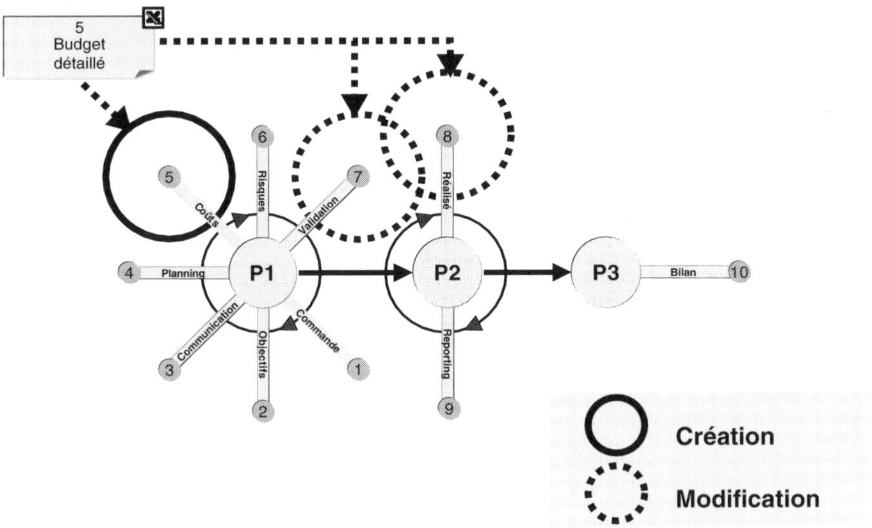

Grille d'analyse des risques

Présentation sommaire

• La grille d'analyse des risques

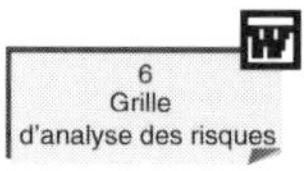

Ce document est le fruit d'une réflexion tendant à imaginer tous les événements qui pourraient arriver en phase de pilotage et qui pourraient nuire à l'atteinte des objectifs du projet. Cette grille sera complétée par les actions préventives et les actions curatives à mettre en place ou à prévoir dans des scénarios de secours.

Conseils de mise en œuvre

- Pour renseigner le document il faut constituer un groupe de travail avec les experts et réaliser un remue-méninges. Celui-ci va permettre de lister de manière exhaustive les risques que chacun imagine possibles et qui nuiraient à l'atteinte des objectifs. Le listage doit être réalisé sans aucune censure et tous les risques imaginés doivent être pris en compte dans la grille.
- Pour chacun des risques listés il faut mesurer l'effet sur les objectifs, à savoir le niveau de dégradation de la qualité, l'augmentation des coûts, l'allongement des délais. Cette évaluation permettra d'évaluer l'impact des risques sur les objectifs. Cette analyse peut être complétée par une analyse de la probabilité de survenance du risque.
- Il faut ensuite lister les mesures qui pourraient endiguer l'arrivée du risque ou limiter ses effets, ce sont les mesures préventives. Pour chaque mesure préventive il faut établir une planification des tâches liées à la mise en œuvre des actions préventives et chiffrer les coûts liés à cette mise en œuvre. Dans certains cas les mesures préventives n'existent pas.
- Enfin il faut faire la liste des mesures curatives, mesures qu'il va falloir mettre en œuvre si les mesures préventives ont échoué ou si elles n'existaient pas. Pour chaque mesure curative il faut établir une planification des tâches liées à la mise en œuvre des actions curatives et chif-

frer les coûts liés à cette mise en œuvre. Dans certains cas les mesures curatives n'existent pas.

- L'établissement des planifications et l'évaluation des coûts des mesures préventives et curatives vont permettre la décision de mise en place de ces mesures. Dans certains cas les mesures ne seront pas mises en place car elles coûtent plus cher que les conséquences du risque lui-même.

Présentation détaillée

Nom du projet	GRILLE D'ANALYSE DES RISQUES	Livrable N°06

Risques potentiels	Effets sur les objectifs	Mesures préventives	Dates Coûts	Mesures curatives	Dates Coûts

Auteur: Nom du fichier:	Date de création: Date de modification:	Page 1 N° de version:

Risques potentiels : Lister les événements qui pourraient survenir en cours de projet et qui nuiraient à l'atteinte des objectifs.

Effets sur les objectifs : Lister les conséquences de l'arrivée du risque sur l'atteinte des objectifs de temps, de coût et de qualité.

Mesures préventives : Lister les actions qui vont permettre de réduire les chances d'apparition des risques.

Dates : Indiquer les dates de début et de fin des actions préventives, et les liens avec les autres tâches du planning (à insérer dans le planning au mieux).

Coûts : Chiffrer le budget à prévoir pour la mise en œuvre des actions préventives.

Mesures curatives : Lister les actions qui vont permettre de réduire les conséquences des risques qui sont arrivés malgré les actions préventives.

Phase 1
Préparer

Dates : Indiquer les dates de début et de fin des actions curatives, et les liens avec les autres tâches du planning (à insérer dans le planning au pire).
Coûts : Calculer le budget à prévoir pour la mise en œuvre des actions curatives.

Les 5 points importants

1. L'analyse des risques est le fruit d'un travail collectif avec les experts, ce travail est ensuite communiqué au commanditaire du projet.
2. La liste des risques doit être réalisée de manière exhaustive, et sans censure ni débat.
3. Les mesures préventives et curatives doivent être planifiées et chiffrées en matière de coût de façon à évaluer la faisabilité de leur mise en place.
4. Tous les risques ne peuvent être couverts, soit parce que les parades n'existent pas, soit parce que la prévention du risque coûte plus cher que les conséquences du risque.
5. L'analyse des risques permet d'élaborer des scénarios « au pire » ou « au mieux » du projet qui permettront de visualiser au mieux la planification et les coûts du projet.

Points d'utilisation dans la méthode

Le document est utilisé dans la phase « Préparer » et créé dans la fiche N° 6 « Analyser les risques ». Il va être mis à jour dans la fiche N° 7 « Valider le cadrage du projet ».

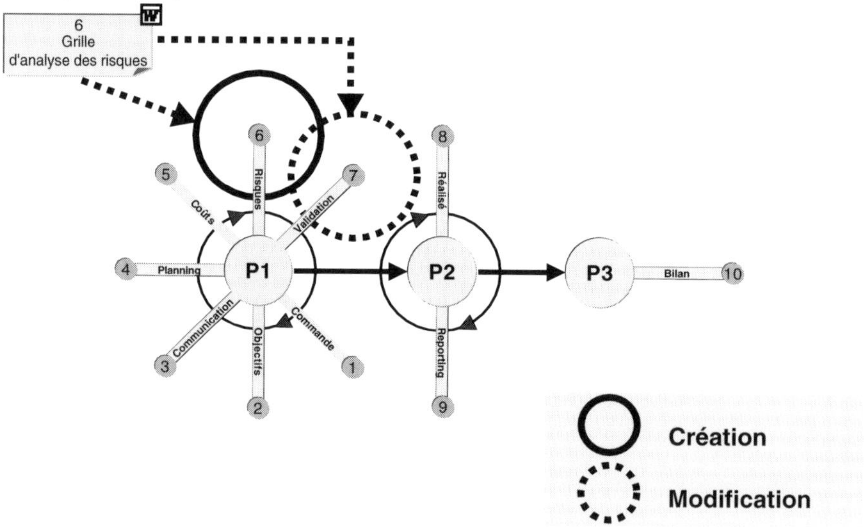

Compte rendu de réunion

Présentation sommaire

• Le compte rendu de réunion

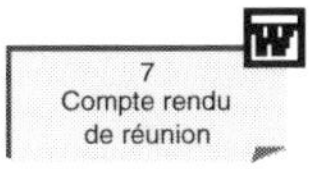

Ce document va servir à la fois de document préparatoire aux réunions de pilotage du projet, mais aussi de document pour consigner les décisions prises au cours de la phase de pilotage. Un compte rendu sera réalisé pour chaque réunion, que ces réunions soient réalisées avec les experts et les ressources, ou avec le commanditaire.

Conseils de mise en œuvre

- La partie haute du tableau doit être renseignée à l'avance, l'ensemble des participants doit être consulté afin que chacun donne la liste des thèmes qu'il considère nécessaire d'aborder ainsi que le temps prévu pour aborder chacun des thèmes.
- Le chef de projet fait ensuite une classification par ordre d'importance des thèmes afin d'arbitrer si la somme du temps nécessaire dépasse 1 h 30. Si le temps total dépasse 1 h 30, il est nécessaire d'organiser 2 réunions (les réunions trop longues sont inefficaces).
- Le chef de projet doit informer qu'aucun thème supplémentaire ne pourra être ajouté en cours de réunion. Les éventuels thèmes qui pourraient apparaître en cours de réunion seront ajoutés à la liste à aborder lors de la prochaine réunion.
- L'ensemble des thèmes est ensuite communiqué à tous les participants au moins 3 jours avant la réunion.
- Les actions et décisions prises sont consignées en temps réel pendant la réunion ou par le biais d'un ordinateur connecté à un projecteur informatique afin que tout le monde puisse suivre la formulation du compte rendu. Le document est ensuite immédiatement imprimé et communiqué aux participants qui partent avec le compte rendu.

- Au besoin le compte rendu est rédigé à la main en temps réel, une photocopie en est alors faite à l'issue de la réunion afin que chacun parte avec le compte rendu.
- Une personne appelée « modérateur » suit le planning prévu pour chacun des thèmes et régule ainsi la réunion pendant tout son déroulement.
- Ce type de compte rendu n'est pas adapté à des réunions de type groupe de travail ou remue-méninges, mais à des réunions de pilotage de projet.

Présentation détaillée

Nom du projet	COMPTE RENDU DE REUNION	Livrable N°07

Date : Lieu : Heure :	Type de réunion :	Participants :

Thèmes prévus	Tps prévu	Décisions prises, actions à entreprendre, dates d'échéance	Acteurs

Prochaine réunion : Date/Lieu/Heure :	Thèmes à aborder :

Auteur:	Date de création:	Page 1
Nom du fichier:	Date de modification:	N° de version:

Date : Indiquer la date de la réunion.
Lieu : Indiquer le lieu de la réunion.
Heure : Indiquer l'heure de la réunion.
Type de réunion : Indiquer le type de réunion.
Participants : Lister l'ensemble des participants à la réunion.
Thèmes prévus : Lister les thèmes à aborder pendant la réunion.
Temps : Indiquer le temps prévu pour aborder chacun des thèmes listés.

Décisions prises, actions à entreprendre, dates d'échéance : Lister les décisions, actions à entreprendre et échéances de ces décisions ou actions qui ont été notifiées au cours de la réunion.
Acteurs : Lister les personnes qui vont mettre en œuvre les actions ou les décisions prises en cours de réunion.
Prochaine réunion : Indiquer le type de la prochaine réunion.
Date/Lieu/Heure : Indiquer la date, le lieu et l'heure de la prochaine réunion.
Thèmes à aborder : Lister les thèmes à aborder pendant la prochaine réunion.

Les 5 points importants

1. **Une réunion commence toujours à l'heure même si le responsable hiérarchique n'est pas là dans la mesure où il a été informé de l'heure au préalable.**
2. **Il ne faut pas ajouter de thèmes supplémentaires en cours de réunions au risque de faire des réunions fleuves qui érodent la motivation et qui sont inefficaces.**
3. **Une réunion de pilotage de projet ne doit pas dépasser 1 h 30 pour l'ensemble des thèmes.**
4. **Il ne doit pas y avoir de thème « divers » qui va servir de « fourre-tout » et qui va faire dériver la réunion.**
5. **Le chef de projet doit animer les réunions avec rigueur et professionnalisme car c'est le projet qui est jugé à travers la manière dont sont conduites les réunions.**

Points d'utilisation dans la méthode

Le document est utilisé dans la phase « Piloter » et créé dans la fiche N° 9 « Assurer le reporting ». Il sera créé autant d'exemplaires que de réunions de projet.

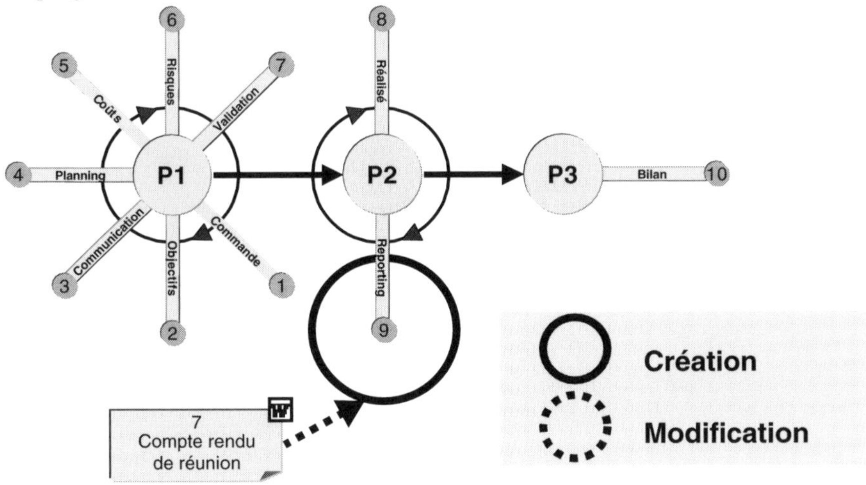

Revue de projet

Présentation sommaire

• La revue de projet

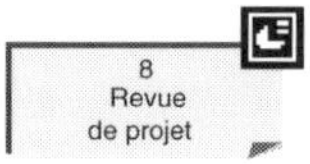

Ce document est une présentation officielle des étapes de pilotage. Il sert au chef de projet à réaliser une communication soignée de la vie du projet. Ces éléments sont destinées, soit au commanditaire du projet, soit pour réaliser des communications vers des acteurs externes au projet ou à l'entreprise. Ces communications vont servir, soit à valoriser le projet et ses résultats, ou bien à valoriser le chef de projet et les acteurs qui travaillent avec lui sur le projet.

Conseils de mise en œuvre

- Soigner la réalisation du diaporama car cet échange fait partie aussi de la communication opérationnelle.
- Préparer le diaporama avec les différents experts afin de ne proposer que des solutions validées aux problèmes évoqués.
- Utiliser l'insertion dans Power Point des documents Excel ou Project concernant la planification et les coûts afin de limiter le temps de préparation de la revue de projet.
- Utiliser les règles de base pour réaliser le diaporama Power Point : phrases courtes, représentations schématiques autant que possible, 1 diapo pour 2 minutes d'échanges.
- Utiliser un projecteur informatique pour passer le diaporama si les participants à la réunion sont plus de 2.
- Compléter la revue de projet par un compte rendu de réunion afin de consigner les décisions prises.
- Utiliser les règles et techniques de présentation orale afin de valoriser le contenu de la présentation : ne pas tourner le dos à l'auditoire, s'exprimer comme dans une conversation normale, établir le contact visuel avec chacun des participants, se déplacer de temps en temps dans la

salle pour rompre la monotonie du son de la voix, cadrer la présentation au début de l'intervention (objectifs et horaires).

Présentation détaillée

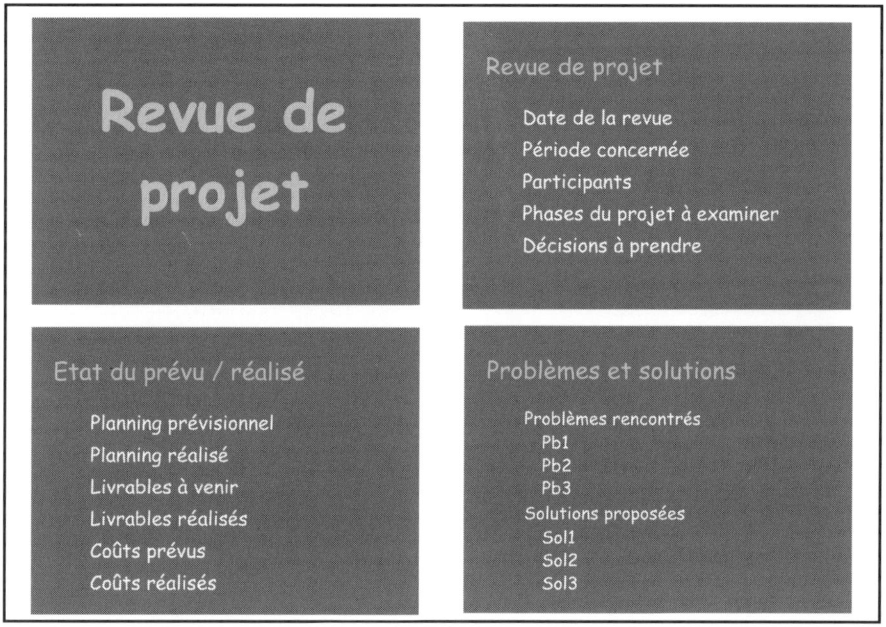

Date de la revue : Indiquer la date de la revue de projet.
Période concernée : Indiquer la période examinée pendant la revue de projet.
Participants : Lister tous les participants à la revue de projet.
Phases du projet à examiner : Lister les principales phases du projet à examiner.
Décisions à prendre : Indiquer les décisions qui devront être prises pendant la revue de projet.
Planning prévisionnel : Insérer le planning prévisionnel de la période examinée.
Planning réalisé : Insérer le planning réalisé de la période examinée.
Livrables à venir : Faire la liste des livrables restant à réaliser.
Livrables réalisés : Faire la liste des livrables réalisés au moment de la revue de projet.
Coûts prévus : Indiquer les coûts prévus pour la période examinée.
Coûts réalisés : Indiquer les dépenses réellement engagées pour la période examinée.

Problèmes rencontrés : Faire la liste des problèmes rencontrés pendant la période examinée.
Solutions proposées : Faire la liste des solutions validées qui peuvent être choisies pour régler les problèmes.

Les 5 points importants

1. **La présentation doit être soignée autant sur l'oral que dans les documents utilisés afin de valoriser le contenu.**
2. **Consigner par écrit dans un compte rendu de réunion les décisions prises au cours de la revue de projet.**
3. **Ne proposer que des solutions validées par les experts afin de réduire la durée de la revue de projet.**
4. **Utiliser le plus possible des schémas et des représentations graphiques.**
5. **Adapter le niveau de synthèse de l'information à l'interlocuteur et à son niveau de prise de décision.**

Points d'utilisation dans la méthode

Le document est utilisé dans la phase « Piloter » et créé dans la fiche N° 9 « Assurer le reporting ». Il sera créé autant d'exemplaires que de réunions de reporting avec le commanditaire.

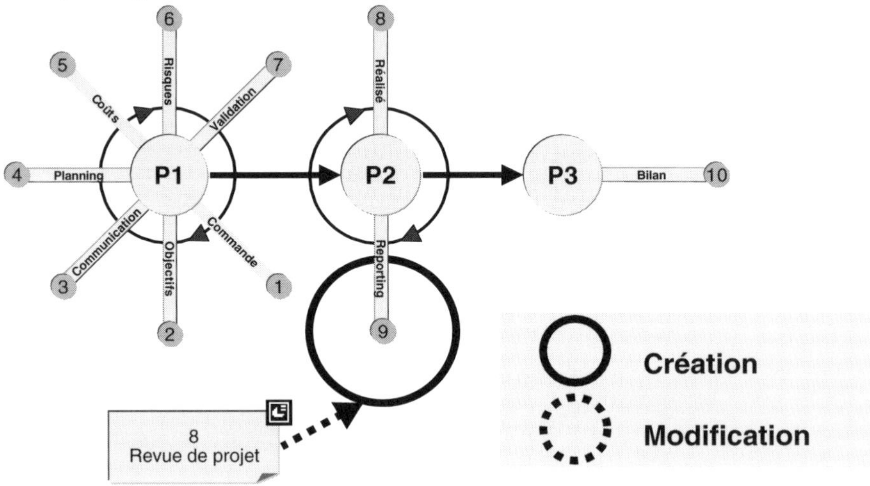

Fiche de reporting

Présentation sommaire

• La fiche de reporting

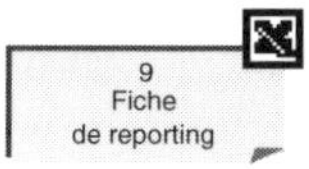

C'est un document qui va permettre aux ressources qui vont accomplir les tâches du planning de fournir des informations sur l'état d'avancement des tâches qui leur ont été confiées. Il est indispensable que ces informations soient écrites et présentées toutes de la même façon pour permettre au chef de projet de les consolider au niveau du projet, afin de mettre à jour les éléments du tableau de bord, et notamment le planning.

Conseils de mise en œuvre

- La fiche de reporting doit être communiquée aux ressources dès la fin de la fiche n° 7 de la méthode ou à la fin de la préparation.
- Les fiches de reporting doivent être remises par les ressources au plus tard le jeudi de manière périodique, cela laisse le vendredi au chef de projet pour relancer les ressources ou les experts qui n'auraient pas remis la fiche dans les temps.
- Le chef de projet doit expliquer aux ressources et aux experts comment remplir la fiche afin d'être sûr d'avoir des réponses homogènes et consolidables.
- Les fiches de reporting devraient être renseignées de manière hebdomadaire afin que les décisions nécessaires au pilotage puissent être prises rapidement.
- Utiliser de préférence l'e-mail pour la transmission des fiches de reporting afin de gagner du temps.
- De préférence confier le remplissage des fiches de reporting toujours aux mêmes personnes afin d'avoir une homogénéité dans la présentation des informations.
- Mettre à jour tous les documents projets à partir de la fiche de reporting, à savoir : planning détaillé et budget.

- Transformer cette information opérationnelle et détaillée en information de synthèse avant de la communiquer vers le commanditaire, la fiche de reporting étant avant tout un outil pour le chef de projet.

Présentation détaillée

Nom du projet — FICHE DE REPORTING — Livrable N°9

Période concernée	Du :

Livrables et jalons	% d'avancement	Avancement	Livrable	Date de fin prévue	Remarques
		1	1		
		2	3		

Avancement	Valeur à saisir	Valeur à saisir	Livrable
En avance	1	1	Pas de difficultés
Conforme au prévu	2	2	Quelques difficultés
En retard	3	3	Grandes difficultés

Commentaires :

Auteur :
Nom du fichier :
Date de création :
Date de modification :
1
N° de version

Période concernée : Saisir la date de début et la date de fin de la période concernée par le reporting.
Livrables et jalons : X.
% d'avancement : Lister les jalons (dates importantes) ou résultats qui font l'objet du reporting.
Avancement : Indiquer l'état d'avancement du livrable par rapport au planning prévisionnel. Cet état d'avancement peut prendre 3 valeurs à saisir (1 en avance sur le planning prévu, 2 conforme au planning prévu, 3 en retard sur le planning prévu).
Livrable : Indiquer si la réalisation du livrable comporte des difficultés particulières pour sa réalisation. Ces difficultés peuvent être une dépense supérieure aux ressources prévues pour la réalisation du livrable. Le livrable peut prendre 3 valeurs (1 pas de difficultés particulières pour l'élaboration, 2 quelques difficultés par rapport à ce qui était prévu, 3 de grandes difficultés pour réaliser le livrable).
Date de fin prévue : Indiquer la date où le livrable sera entièrement réalisé.

Remarques : Donner des précisions sur le livrable afin de faciliter la lecture de la fiche de reporting.
Commentaires : Donner toutes les explications utiles afin que la fiche de reporting puisse être éventuellement exploitée sans commentaires par oral.

Les 5 points importants

1. Ne jamais tarder à relancer les ressources ou les experts qui tarderaient à fournir leur fiche de reporting.
2. Un projet correctement piloté doit avoir un planning mis à jour une fois par semaine, ce qui implique une grande rigueur dans les dates de remise des fiches de reporting.
3. Former les ressources et les experts pour remplir les fiches de reporting afin d'avoir une présentation unique.
4. Mettre à jour à partir de la fiche de reporting le planning et le budget du projet.
5. Conserver dans un répertoire toutes les fiches de reporting archivées par dates pour préparer le bilan du projet.

Points d'utilisation dans la méthode

Le document est utilisé dans la phase « Piloter » et créé dans la fiche N° 9 « Assurer le reporting ». Il sera créé autant d'exemplaires que d'actions de reporting.

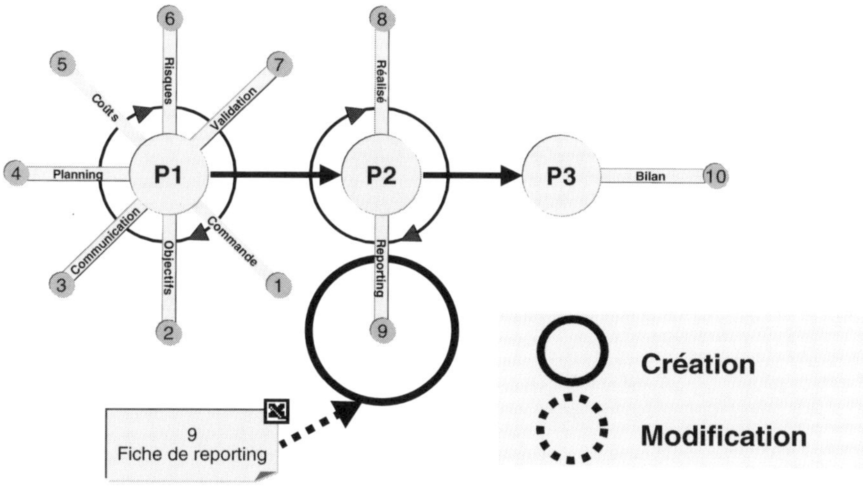

Grille de bilan

Présentation sommaire

- **Le grille de bilan**

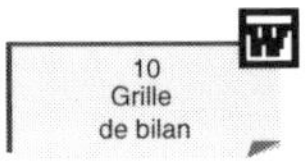

C'est le document final de la méthode qui va permettre de dégager les points forts et points faibles du projet. À la suite de cette analyse un plan d'action sera établi afin de pouvoir améliorer la manière de gérer les prochains projets. Cette grille de bilan peut faire l'objet d'une communication à d'autres acteurs afin qu'ils puissent capitaliser sur les expériences vécues.

Conseils de mise en œuvre

- Recueillir et classer tous les documents du projet afin de faire une première synthèse et un bref historique des évènements du projet.
- Organiser une réunion avec les experts et certaines ressources en leur présentant l'historique du projet.
- Sous la forme d'un remue-méninges demander à chacun la liste de ce qui est positif et négatif dans le projet. Il est nécesaire de préciser dès le début de la réunion qu'il ne s'agit pas de régler des comptes mais simplement de s'attaquer aux faits.
- Faire une analyse des causes pour chaque événement en utilisant éventuellement un diagramme d'Ishikawa afin de remonter à la vraie cause.
- Identifier les points d'amélioration, en les rédigeant sous forme de plans d'actions très opérationnels tout en restant synthétique.
- Préparer une synthèse pour le commanditaire sur le bilan du projet en classant les actions à entreprendre en actions à court terme, moyen terme, long terme.
- Communiquer le bilan à des chefs de projet susceptibles de mener des projets similaires.
- Archiver le bilan en le rendant accessible aux autres chefs de projet sauf si le projet est confidentiel.

- Classer l'ensemble des dossiers projets en séparant les documents qui sont directement réutilisables par d'autres.

Présentation détaillée

Nom du projet		GRILLE DE BILAN		Livrable N°10
		Eléments analysés	Causes	Plan d'action
Organisation du projet	Ce qui a bien marché +			
	Ce qu'il faudrait améliorer −			
Réalisation du résultat	Ce qui a bien marché +			
	Ce qu'il faudrait améliorer −			

Auteur: Date de création: Page 1
Nom du fichier: Date de modification: N° de version:

Organisation du projet : Renseigner les rubriques contenues dans ce thème qui contient tout ce qui touche à la gestion du projet. Ce thème permet d'analyser la manière dont la méthode a été appliquée.

Réalisation du résultat : Renseigner les rubriques contenues dans ce thème qui contient tout ce qui touche à la réalisation du résultat attendu par le commanditaire. Ce thème permet d'analyser les aspects techniques du projet.

Ce qui a bien marché : Renseigner les rubriques contenues dans ce thème qui contient tous les évènements du projet qui ont bien fonctionné, autant en matière de gestion que sur les aspects techniques.

Ce qu'il faudrait améliorer : Renseigner les rubriques contenues dans ce thème qui contient tous les évènements du projet qui ont mal fonctionné, autant en matière de gestion que sur les aspects techniques.

Eléments analysés : Lister tous les évènements qui vont faire l'objet d'une analyse dans le bilan.

Causes : Lister les causes du bon fonctionnement ou du dysfonctionnement analysé.

Plan d'action : Lister toutes les actions à entreprendre, soit pour reproduire ce qui a bien fonctionné, soit pour améliorer ce qui a mal marché.

Les 5 points importants

1. Un bilan n'est pas un règlement de compte mais une action pour progresser.
2. Ne pas négliger les gains énormes que peut apporter le bilan à l'entreprise et aux acteurs.
3. Les éléments mis dans le bilan, et notamment les plans d'actions, doivent être très concrets et faciles à mettre en œuvre (ce ne sont pas des vœux pieux).
4. Le bilan doit être mis à la disposition du plus grand nombre dans l'entreprise, ainsi il peut être accompagné d'une présentation Power Point.
5. Le bilan se termine par une petite manifestation à proportionner avec l'importance du projet. Cette manifestation permet de remercier les acteurs qui ont activement participé au projet.

Points d'utilisation dans la méthode

Le document est utilisé dans la phase « Progresser » et créé dans la fiche N° 10 « Faire le bilan du projet ».

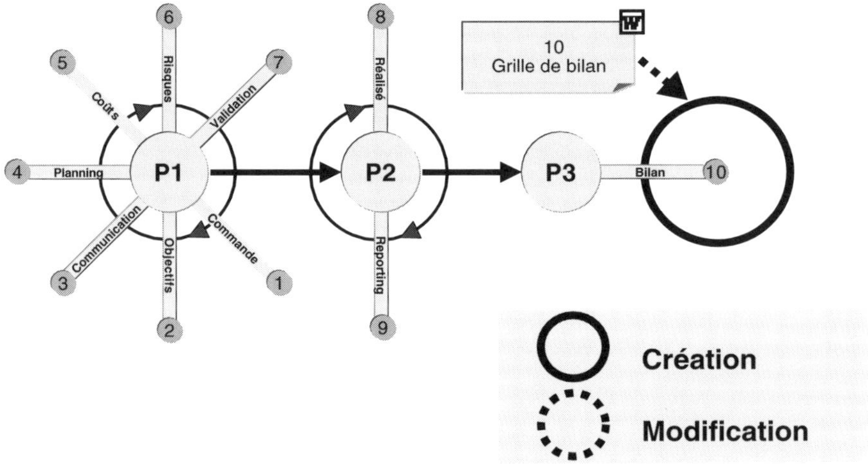

Troisième partie
Conseils sur la communication et les relations entre les acteurs du projet

Cette partie est plus particulièrement destinée au chef de projet. En effet, elle va vous permettre d'avoir un éclairage particulier sur la communication dans un projet.
L'organisation de la communication appartient au chef de projet, elle est réalisée dans l'étape n° 3 de la méthode. Toutefois la communication démarre dès le premier contact avec le commanditaire, il est donc nécessaire d'avoir un bon éclairage sur ce sujet car une mauvaise communication est souvent une des sources de difficultés importantes, voire même d'échec.

Que trouverez-vous dans cette partie ?

Des rappels concernant la communication dans un projet et les typologies comportementales des acteurs dans un projet, ainsi que l'utilisation de ces typologies dans le cadre d'un changement.
Et ensuite, vous trouverez pour chaque étape de la méthodologie :

- une explication donnant le détail de ce que sont les actions de communication à cette étape méthodologique du projet ;
- des conseils sur la mise en œuvre de la communication à cette étape ;
- les risques qu'encourt le projet en cas de mauvaise communication ;
- les 3 points importants à retenir.

Quels sont les points importants ?

Cette partie est essentielle car c'est elle qui va mettre « de l'huile » dans les rouages du projet. La communication est un accélérateur de projet si elle est bien réalisée, car elle va bien sûr véhiculer l'information opérationnelle et décisionnelle, mais elle va surtout permettre aux différents acteurs de se sentir concernés par le projet, et donc d'être motivés.
Nous mettrons dans cette partie l'accent sur la communication promotionnelle, qui est finalement la plus difficile à mettre en place et à mettre en œuvre.

RAPPELS SUR LA COMMUNICATION DANS UN PROJET

Les 3 types de communication

La communication dans un projet est de 3 types :
- la communication opérationnelle ;
- la communication décisionnelle ;
- la communication promotionnelle.

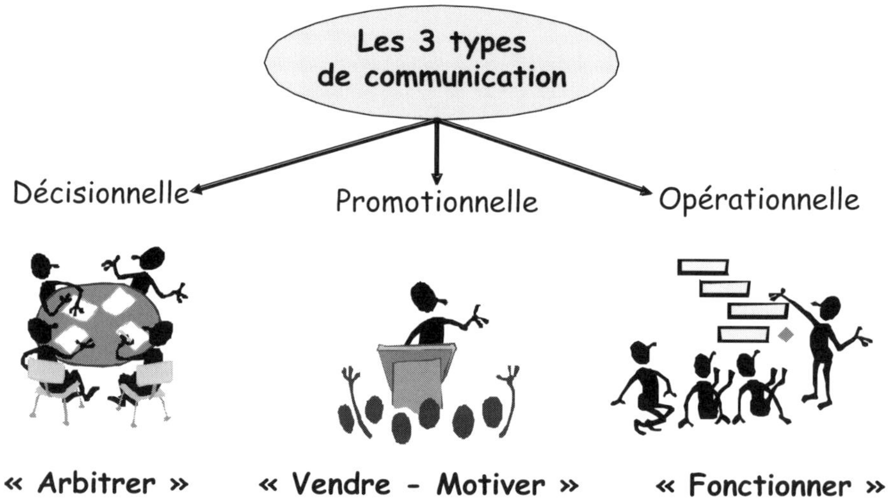

La communication opérationnelle est celle qui va faire fonctionner le projet, c'est une communication qui va privilégier la pertinence de l'information (le fond), l'information sera par ailleurs détaillée.
La communication opérationnelle se traduit, par exemple, par :
- un point informel sur l'avancement du projet lors du café du matin ;
- des réunions rapides et hebdomadaires entre les membres actifs du projet ;
- l'envoi de l'avancement d'une tâche par mail de l'une des ressources du projet.

La communication décisionnelle est celle qui va permettre de faire des arbitrages dans le projet au fur et à mesure de son avancement, ou en cas de problème important. Ces arbitrages se font généralement en fonction des 3 critères classiques de pilotage du projet (la qualité du produit, le temps

et le budget). C'est une communication qui privilégie la forme (au sens formel du terme) et le fond, car si l'information reste synthétique, elle doit être factuelle.
La communication décisionnelle se traduit, par exemple, par :
- des réunions mensuelles avec un comité de pilotage ;
- des points hebdomadaires avec le commanditaire du projet.

La communication promotionnelle a un double objectif car elle doit permettre à la fois de « vendre » le produit aux clients du projet (ces clients pouvant être externes ou internes à l'entreprise), et elle doit permettre de maintenir la motivation des acteurs sur le projet. C'est la forme qui est privilégiée dans ce type de communication, l'information ayant parfois un contenu moins factuel que dans les 2 autres types de communication.
La communication promotionnelle se traduit, par exemple, par :
- une réunion de lancement au démarrage du projet ;
- des réunions d'information aux étapes importantes du projet ;
- des manifestations amicales (déjeuner ou pot) tout au long du projet ;
- la rédaction d'un journal d'un projet ;
- la mise en œuvre de communiqués de presse ;
- la rédaction de plaquettes internes ou externes pour promouvoir le produit.

On peut ainsi résumer les 3 types de communication :

Type	Objectifs	Destinataires	Information	Moyens
Opérationnelle	Faire fonctionner le projet	Experts Ressources	Détaillée	Réunions informelles Réunions formelles Mail
Décisionnelle	Arbitrer sur le QCT	Comité de pilotage Commanditaire	Synthétique	Réunions formelles
Promotionnelle	Vendre et motiver	Clients Ressources Experts	Synthétique	Journal du projet Réunion d'info Plaquettes Intranet Manifestations…

Et s'il ne fallait retenir qu'une chose

« N'utilisez pas le mail pour faire de la communication promotionnelle, vous n'aurez aucun retour d'information sur la perception de vos cibles de communication car plus de 80 % de la communication passe par le non-verbal ! »

L'évolution vers le changement

Un projet implique nécessairement une situation d'évolution ou de changement, à la fois pour les acteurs qui travaillent sur le projet, mais aussi pour ceux qui vont utiliser le produit du projet.

Tout changement implique de la peur et des résistances. Ainsi, les acteurs participant de près ou de loin au projet, vont devoir traverser la « vallée de la peur ». La vallée de la peur est le processus psychologique normal par lequel les acteurs vont passer pour accepter le changement.

Ce processus comporte les étapes suivantes :

- l'euphorie à l'annonce du changement, la première réaction est de dire « ça va changer… en mieux, sinon pourquoi changer… ». Cette phase est très courte ;
- la résistance suit directement l'euphorie, « mais pourquoi changer… qu'est-ce qui va changer… qu'est-ce que ça va changer pour moi… mais je n'ai pas très envie de changer… finalement ce n'est pas si mal en ce moment… je n'ai pas envie de changer… » ;
- la résignation si le projet perdure et avance, « de toute façon le projet va se faire avec ou sans moi… autant que cela soit avec moi… » ;
- l'acceptation c'est le moment où le changement va se traduire par des actes factuels d'évolution.

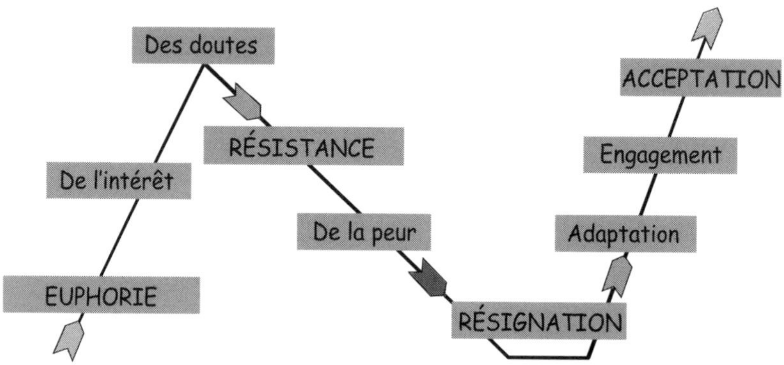

La communication doit accompagner nos acteurs dans le déroulement de ce processus psychologique. Ce processus est systématiquement présent dans des projets dits de service, impliquant notamment des changements d'organisation pour les acteurs y participant, ou utilisant le résultat du projet.

Et s'il ne fallait retenir qu'une chose

« Ne pensez pas qu'il suffit de communiquer une fois au début du projet pour que le processus se déroule inexorablement. Nos acteurs auront tôt fait de faire demi-tour dans la vallée de la peur, et de revenir sur leurs pas si la communication n'accompagne pas le processus de changement ».

LES COMPORTEMENTS FACE AU PROJET

Selon la carte des partenaires définie dans *La stratégie du projet latéral* de Herbemont et César aux éditions Dunod, il existe 8 typologies d'acteurs dans les projets.

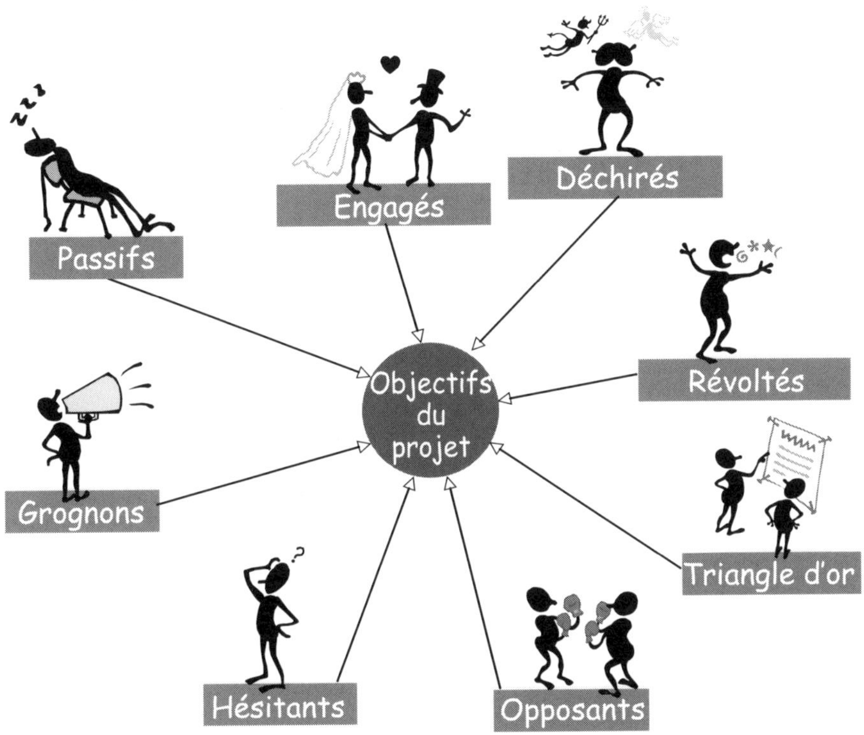

Les huit typologies d'acteurs

• Les passifs

Leur vie n'est pas dans le projet :

- grande partie des acteurs, c'est la « majorité silencieuse », ils constituent donc l'enjeu du projet ;
- n'aiment pas participer ;
- ne sont pas concernés par le projet, n'ont pas d'opinion et ne considèrent pas le projet comme un enjeu ;
- ni alliés, ni opposants, ils ont d'autres sujets d'intérêt. Ils suivront… peut-être ;

- ne pas compter sur eux pour faire avancer les choses ;
- peuvent facilement glisser vers l'opposition si on les oublie.

• Les hésitants

Ils négocient leur implication dans le projet :
- ont des arguments « pour » et des arguments « contre » le projet souvent pertinents ;
- peuvent être actifs pour mieux comprendre, même sans vous ;
- ont peu de chemin à faire pour devenir alliés du projet, et peuvent aussi basculer vers l'opposition. Leur soutien est conditionnel.

• Les déchirés

Avec eux, c'est tout ou rien :
- sont totalement pour ou totalement contre le projet, mais ne restent pas longtemps dans cette situation instable (sont généralement pour le projet, mais contre la manière dont la situation est menée).

• Les révoltés

Leur objectif est en opposition fondamentale avec le projet :
- préfèrent tout perdre plutôt que de laisser le projet réussir ;
- le projet n'est pas le leur et font tout ce qu'ils peuvent pour s'y opposer ;
- ne sont pas accessibles à la discussion, insensibles à tout.

• Les opposants

Ils sont largement en désaccord et usent du rapport de force :
- sensibles au rapport de force, grande capacité à utiliser les tensions ;
- développent une activité réelle et crédible contre le projet ;
- sont accessibles à la discussion et essaient de vous convaincre que le projet est mauvais ;
- ont toujours raison.

• Les grognons

Ils remontent toutes les tensions, ce sont les signaux d'alarme :
- expriment leurs désaccords, râlent mais ne font rien de concret pour agir contre le projet ;
- disent tout haut ce que d'autres pensent tout bas ;
- peuvent contaminer les « passifs ».

• Les engagés

Ils sont très impliqués dans la vie du projet mais manquent de capacité critique :

- totalement pour le projet, sans recul ni esprit critique, suiveurs parfois capables d'initiatives ;
- sont prêts à tout faire mais ne savent pas toujours défendre le projet ;
- peuvent aider à faire avancer le projet.

• Les triangles d'or

Ils sont les véritables « moteurs » du projet :

- peuvent porter le projet, proposer et faire des actions concrètes dans le sens des objectifs poursuivis ;
- montrent leur sens critique à l'égard du projet et de la manière dont il est mené ;
- défendent le projet contre les opposants ;
- développent un jeu personnel et peuvent parfois être difficiles à gérer.

La répartition moyenne des pourcentages des acteurs est la suivante :

- Passifs, hésitants et grognons = 20 % chacun soit 60 %
- Opposants = 10 %
- Déchirés = 1 %
- Révoltés = 5 % à 10 %
- Triangles d'or = 5 à 10 %
- Engagés = 10 %

Et s'il ne fallait retenir qu'une chose

« Les triangles d'or sont la richesse et le moteur du projet, il faut apprendre à les détecter très tôt afin de les utiliser au mieux pour accélérer le projet ».

Changement et communication

Dans tous les projets nous pouvons avoir des résistances au changement par exemple :

- la mise en place d'une nouvelle méthode si les acteurs ne sont pas prêts à modifier leurs habitudes de travail ;
- le lancement d'un nouveau produit si le produit est trop novateur ;
- la mise en place d'une nouvelle organisation si elle modifie les champs de pouvoir ;
- la mise en place d'un nouveau mode de rémunération si les modes de calculs sont différents ;

- la construction d'une nouvelle habitation si elle entraîne un déménagement géographique important…

La communication accompagne le changement et va donc être un moyen puissant du management du changement.

Beaucoup trop de managers pensent qu'il vaut mieux attendre le dernier moment pour annoncer un changement. Ils pensent aussi que peut-être les choses vont passer sans douleur et sans heurts, c'est la politique de l'autruche et du « pas de vagues ».

D'autres pensent que faire participer tout le monde au changement est une bonne solution. On rentre alors dans des débats sans fin qui conduisent à l'enlisement du projet.

En fait, la communication doit être organisée en fonction de la traversée de la vallée de la peur :

- il faudra du temps pour faire passer le changement ; il faut donc annoncer le projet assez tôt afin que les acteurs aient le temps de traverser la vallée de la peur (de 6 mois à un an) ;
- il faudra adapter la communication à chaque phase de la traversée.

• Dans la phase d'euphorie

Communiquer sur les risques du projet, être le plus transparent possible, s'assurer que les objectifs du projet ont été bien compris.

• Dans la phase de résistance

Prendre en compte les typologies des acteurs, leur positionnement en fonction du projet, et construire une stratégie en s'appuyant sur les « triangles d'or ».

• Dans la phase de résignation

Prendre le temps de communiquer sur les avantages du projet. Mettre en avant les gains individuels et collectifs. Informer les acteurs sur l'avancement du projet.

• Dans la phase d'acceptation

Faire participer les acteurs à la construction du projet, les valoriser par une communication promotionnelle. Récompenser les acteurs qui se sont montrés particulièrement actifs.

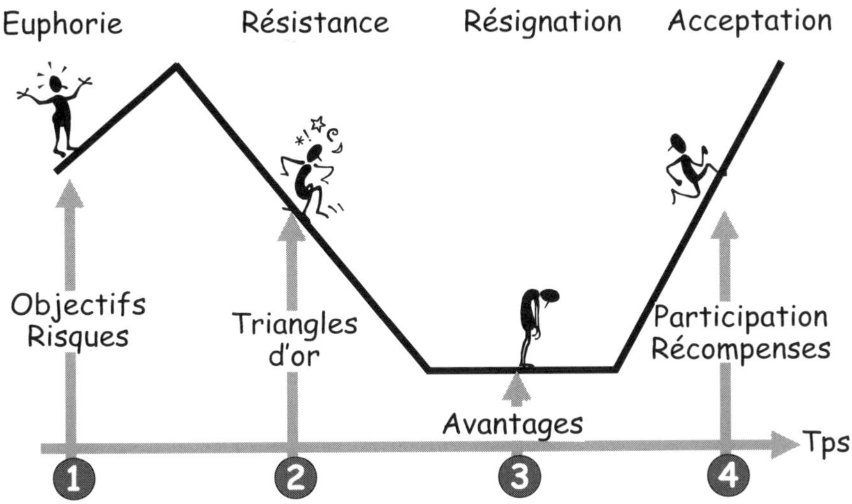

Et s'il ne fallait retenir qu'une chose

> « Communiquez tôt et clairement sur les objectifs du projet, cela permettra aux acteurs de se positionner par rapport aux objectifs, et ainsi d'adopter une aptitude plus claire et plus lisible, et cela permettra par ailleurs de déclencher le processus de changement. C'est tellement plus facile de terminer un projet (livrer le produit) dans la phase d'acceptation... ».

Communiquer vers une typologie d'acteur

La communication interpersonnelle doit être adaptée à la typologie comportementale de l'acteur qui va être la cible de la communication. Ainsi, il est indispensable que le chef de projet sache adapter sa communication en fonction du positionnement de l'acteur vers lequel il communique.

• Communiquer avec un passif

Communiquer de manière très formelle et régulière sans chercher à le convaincre du bien-fondé du projet. Ne pas perdre de temps avec lui car il cherche à ralentir le projet. La manière formelle permet de lui démontrer la détermination à mettre en œuvre le projet.

• Communiquer avec un hésitant

Il ne sait pas toujours comment se positionner. Il faut le rassurer en passant un peu de temps avec lui pour comprendre ses inquiétudes. Une communication individuelle peut être alors intéressante si le périmètre du projet n'est pas trop large.

- **Communiquer avec un déchiré**

Totalement ingérable et extrémiste, il ne faut pas passer de temps avec lui, l'exclure si possible des tâches stratégiques du projet.

- **Communiquer avec un révolté**

Il n'est pas nécessaire de l'informer abondamment sur le projet car il va se servir des informations pour saborder le projet. Si possible le laisser en marge du système projet.

- **Communiquer avec un opposant**

La stratégie consiste à l'écouter et le faire travailler sur une piste qu'il a lui-même suggérée. Cet « os qu'on lui donne à ronger » permet de l'occuper pour faire avancer le projet pendant ce temps-là.

- **Communiquer avec un grognon**

Le grognon est une source d'information car il dit tout haut ce que les autres pensent tout bas. Il peut aider à avoir l'information suffisamment tôt sur le comportement et les avis des autres acteurs.

- **Communiquer avec un engagé**

L'engagé ne doit pas mener les actions de communication car il est considéré comme « vendu à la cause » et donc non crédible. Faire le point régulièrement avec lui pour savoir s'il n'est pas parti sur des pistes non compatibles avec la logique générale du projet.

- **Communiquer avec un triangle d'or**

Véritable fer de lance de la communication, le triangle d'or doit mener les actions de communication. Les autres acteurs savent qu'un triangle d'or ne va avancer que s'il a des preuves tangibles que le projet est bon. Il est donc crédible. C'est avec lui que l'on va organiser la communication.

Et s'il ne fallait retenir qu'une chose

« Communiquer c'est avant tout écouter, écouter ses interlocuteurs, écouter "son projet", avant de parler. Chaque acteur est porteur d'un ou de plusieurs messages qu'il faut analyser pour mieux comprendre et mieux communiquer, le chef de projet en véritable caméléon saura s'adapter en fonction des personnes et de la situation ».

La complexité de la communication

La communication se traduit par un plan de communication. Ce plan de communication est la traduction opérationnelle de toute la réflexion qui est menée en amont.

On voit que la communication ne se résume pas à une simple liste de réunions de suivi, elle doit tenir compte de multiples paramètres, notamment au niveau de la communication promotionnelle.

La stratégie de communication promotionnelle tient compte :

- des objectifs du projet :
  - sujet du projet (objectifs de qualité) ;
  - budget consacré au projet.
- de l'organisation du projet :
  - projet vertical ou transversal ;
  - existence d'un comité de pilotage ;
  - exigences du commanditaire.

- du planning du projet :
  - durée globale du projet ;
  - contraintes des échéances intermédiaires ;
  - dates non négociables.
- du comportement des acteurs :
  - pourcentage de « pour » et pourcentage de « contre » ;
  - cartographie individuelle en fonction de la position dans le projet ;
  - comportement général des acteurs face au projet ;
- de la résistance au changement :
  - profondeur du changement ;
  - durée nécessaire pour que se déroule le processus de changement.

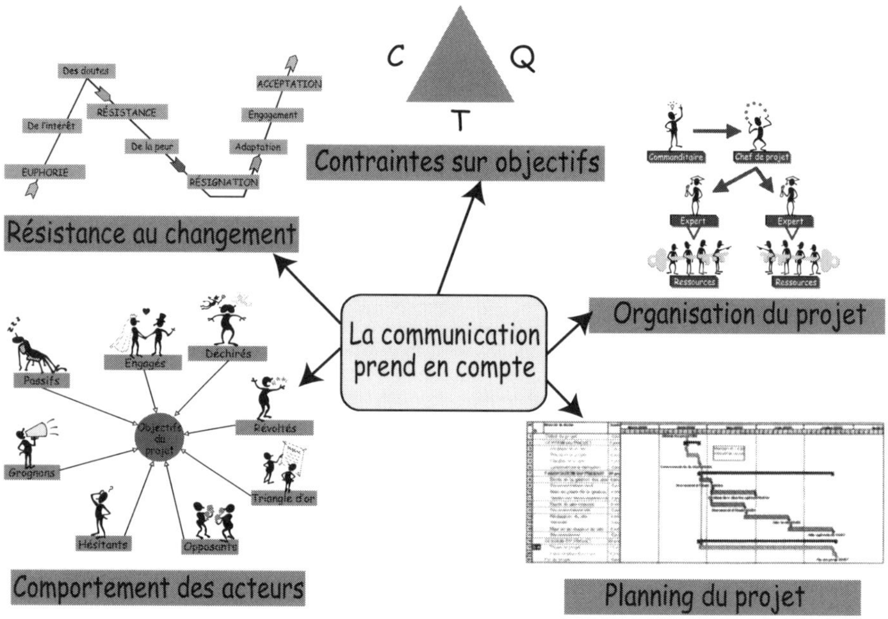

Et s'il ne fallait retenir qu'une chose

« La communication mérite une véritable réflexion avec la mise en perspective de tous les paramètres du projet pour qu'elle soit efficace ».

LA COMMUNICATION À CHAQUE ÉTAPE MÉTHODOLOGIQUE

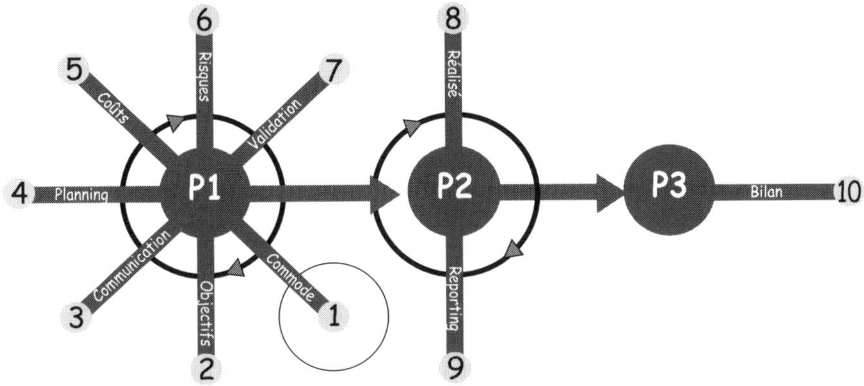

1 - Formuler la demande et la présenter

• La communication à cette étape se traduit par :

- un ou plusieurs entretiens avec le commanditaire du projet ;
- un ou plusieurs entretiens avec les acteurs qui ont mené les études préalables et/ou les études de faisabilité.

• Quelques conseils pour communiquer à cette étape

- Vous devez tout d'abord vous assurer que vous avez affaire au vrai commanditaire du projet, c'est-à-dire à celui ou celle qui a le pouvoir de dire que le projet va se faire ou pas.
- Même si vous connaissez très bien le commanditaire ou si vous travaillez régulièrement avec lui ou elle, vous devez adopter une aptitude très professionnelle, vous devez prendre des notes, lui dire que vous allez faire un compte rendu d'entretien (vous pouvez d'ailleurs utiliser comme compte rendu le modèle de document « commande du commanditaire »).
- Observez bien le « non verbal » du commanditaire qui vous donnera de nombreuses informations sur sa volonté de mettre en place le projet et de le voir aboutir.
- Prenez du temps pour discuter sous la forme d'un entretien libre avec ceux qui ont participé aux études qui ont précédé le lancement du projet, ils vous donneront des informations précieuses sur la genèse

du projet et sur les difficultés qu'ils ont pu rencontrer. Si le projet continue de les intéresser, prenez soin de les informer de l'avancement, cela peut être des alliés précieux.

• Les risques en cas de mauvaise communication

- Se lancer dans un projet sans avoir compris le positionnement du commanditaire.
- Partir avec des incompréhensions mutuelles sur les objectifs à atteindre.

Les 3 points importants

- **Comprendre son commanditaire en adoptant une écoute active lors de l'entretien.**
- **Connaître les personnes qui ont déjà travaillé sur le sujet et échanger avec eux.**
- **Prendre des notes et faire des comptes rendus pour valider les échanges par oral.**

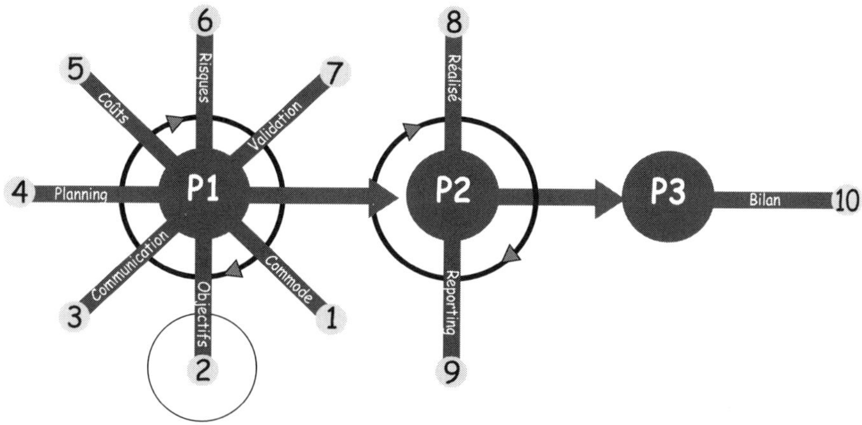

2 - Mettre la commande en mode projet

• La communication à cette étape se traduit par :

- des entretiens successifs avec le commanditaire pour valider les objectifs à atteindre ;
- des échanges avec les experts pour faire des premières évaluations des charges et des coûts.

• Quelques conseils pour communiquer à cette étape

- C'est une étape qui nécessite à la fois, d'entrer en contact avec le commanditaire le plus souvent possible, mais aussi d'avoir une rigueur méthodologique importante afin d'obtenir des validations successives.

- Vous risquez d'agacer un commanditaire peu disponible avec vos questions, le mieux est de le prévenir dès le début de cette étape que vous aurez besoin de faire des points fréquents avec lui. Il ne sera donc pas surpris si vous le sollicitez fréquemment.
- En ce qui concerne les experts, il sera éventuellement difficile d'obtenir d'eux des estimations macro, ils auront tendance à vouloir aller dans le détail et ne pas vouloir prendre des engagements sans avoir fait une analyse détaillée.
- Ce premier contact avec eux est déterminant, il faut que vous montriez votre rigueur organisationnelle, surtout si ce sont des sous-traitants afin de leur faire comprendre que vous aurez des exigences de fiabilité sur le projet.
- N'oubliez pas néanmoins que vous ne devez pas vous placer dans un rapport hiérarchique avec les experts, sachez reconnaître le fait qu'ils sont indispensables et sachez les écouter.

• Les risques en cas de mauvaise communication

- Ne pas obtenir une validation progressive du commanditaire sur les objectifs et fournir un travail qui va être rejeté en bloc.
- Donner un sentiment aux experts que le projet n'est pas maîtrisé dans son organisation.
- Générer des situations de blocage avec les experts dès le début du projet.

Les 3 points importants

- **Prévenir le commanditaire qu'il va être fortement sollicité.**
- **Soyez professionnel et prévenant avec les experts.**
- **Soyez plutôt animateur et organisateur que « chef ».**

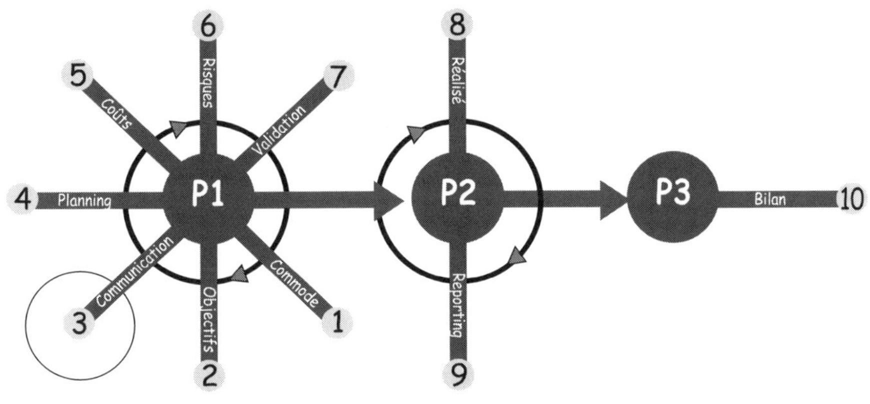

3 - Définir les objectifs de communication

• La communication à cette étape se traduit par :

- un échange avec le commanditaire pour connaître ses objectifs en matière de communication ;
- des échanges avec les principaux interlocuteurs du projet pour comprendre leur positionnement ;
- une présentation au commanditaire de la stratégie générale de communication.

• Quelques conseils pour communiquer à cette étape

- La communication est souvent mal comprise, donc vous devez avoir une aptitude pédagogique pour faire comprendre la complexité, les enjeux de la communication et la démarche que vous allez adopter.
- Si vous utilisez la carte des partenaires, soyez prudent dans votre communication sur cet outil, il est souvent préférable de garder pour vous la cartographie des acteurs.
- Vous devez avoir une écoute particulièrement active afin de pouvoir comprendre le positionnement de chacun par rapport au projet, pour cela, n'hésitez pas à rappeler de la manière la plus claire possible les objectifs du projet à chaque fois que vous rencontrez une nouvelle personne.
- Présentez d'abord au commanditaire votre stratégie de communication avant d'en parler à qui que ce soit, vous devez lui donner la primeur de ce que vous avez construit.
- Pensez que la communication est étroitement liée à la « politique » de l'entreprise sur les projets et aussi à la culture d'entreprise. Faites des préconisations pour que le projet marche, mais ne soyez pas surpris si votre plan est modifié pour des raisons politiques.

• Les risques en cas de mauvaise communication

- Ne pas comprendre la volonté du commanditaire pour la communication.
- Se tromper sur le positionnement des acteurs par rapport au projet.
- Mener une communication en décalage avec l'entreprise.

Les 3 points importants

- **Être pédagogique dans votre approche de la communication.**
- **Prendre le temps d'échanger avec tous les acteurs du projet.**
- **Penser que la communication c'est stratégique et très politique.**

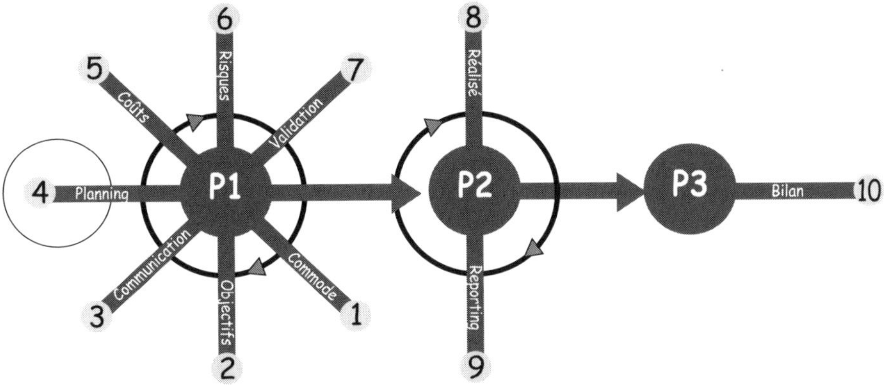

4 - Construire le planning détaillé

• La communication à cette étape se traduit par :

- les échanges avec les différents experts pour obtenir leur découpage et leurs estimations du projet ;
- un entretien avec le commanditaire pour lui présenter le planning ;
- des négociations avec les experts et le commanditaire dans la phase d'ajustement du planning.

• Quelques conseils pour communiquer à cette étape

- C'est une étape technique où le chef de projet va apporter son savoir-faire en termes de techniques de planification, et les experts en termes de technique de fabrication du produit. Le chef de projet doit éviter de remettre en cause les découpages proposés par les experts sauf s'ils semblent aberrants.
- Si c'est possible il faut procéder par itérations successives sur des versions V_1 à V_n du planning en confrontant les avis des différents experts. Dans cette phase, le chef de projet a un rôle d'animateur et n'intervient pas dans le contenu, il se contente de le mettre en forme et en musique.
- La phase de présentation au commanditaire est délicate car celui-ci souhaitera à la fois, voir une planification synthétique (ce niveau d'information lui suffit pour prendre ses décisions) et avoir des justifications des estimations de charge et de durée, ce qui demandera de descendre dans le détail sans le noyer pour qu'il prenne la bonne décision.

- Il est indispensable de communiquer auprès du commanditaire pour lui dire que le planning est une supposition et qu'il sera évidemment amené à évoluer.

• Les risques en cas de mauvaise communication

- Avoir des débats interminables des experts sur tel ou tel choix technique.
- Faire de l'ingérence dans le travail des experts ce qui les conduit à se désengager de la planification qui leur est finalement imposée.
- Avoir un désintérêt du commanditaire sur le planning car le niveau de détail n'est pas adapté à sa prise de décision.

Les 3 points importants

- **Adapter le niveau de détail du planning à la personne à qui on le communique.**
- **Rester dans un rôle d'animateur vis-à-vis des experts.**
- **Procéder par itérations successives et négocier au fur et à mesure des versions du planning.**

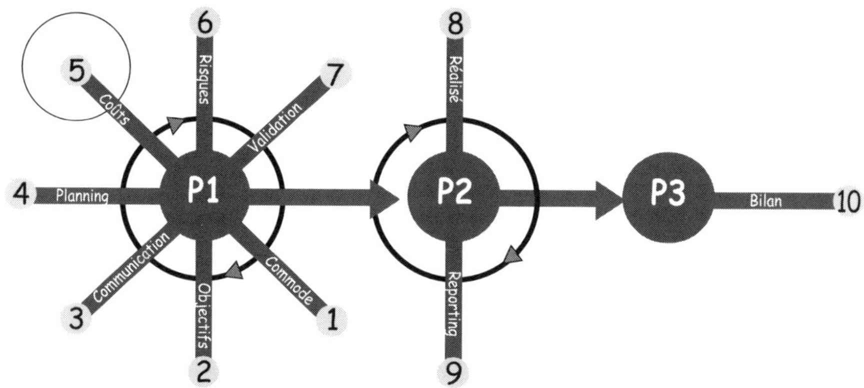

5 - Chiffrer les coûts

• La communication à cette étape se traduit par :

- un échange avec le commanditaire sur le périmètre de consolidation ;
- une communication au commanditaire sur le budget du projet.

• Quelques conseils pour communiquer à cette étape

- Avant de calculer le budget il faut savoir ce que l'on va imputer au projet. Soit l'entreprise possède ses propres règles d'imputation, et le chef de projet les applique afin que le chiffrage des projets se fasse selon les mêmes formules de calcul, soit c'est le commanditaire qui va donner les règles de calcul. Le chef de projet peut alors donner son avis sur la manière de comptabiliser les coûts.
- Cette phase est très sensible car la communication sur le coût d'un projet peut avoir des incidences fortes sur le comportement des acteurs. Seul le commanditaire a le pouvoir de décider si on doit communiquer sur le coût d'un projet.
- Le mieux c'est que de toute façon le chef de projet calcule le coût global du projet, sans nécessairement le communiquer, ne serait-ce que pour alerter si le retour sur investissement est mauvais. Le chef de projet est alors amené à tenir une « double comptabilité », le budget réel du projet et le budget communiqué.
- Afin de ne pas froisser les susceptibilités le coût d'un projet peut être exprimé en jours × homme, ce qui a un impact nettement moindre que l'expression du budget en euros.

• Les risques en cas de mauvaise communication

- Calculer le budget officiel d'un projet en sortant du périmètre de consolidation ou en ajoutant des éléments hors périmètre.
- Communiquer sur un budget global alors qu'il avait été décidé de ne communiquer qu'une partie des informations.

Les 3 points importants

- **Prendre en compte les règles de gestion de l'entreprise ou celles du commanditaire, et s'y tenir.**
- **Avoir la validation du commanditaire sur la communication du budget du projet.**
- **Accompagner la communication du budget avec des explications sur ce qui a été imputé effectivement.**

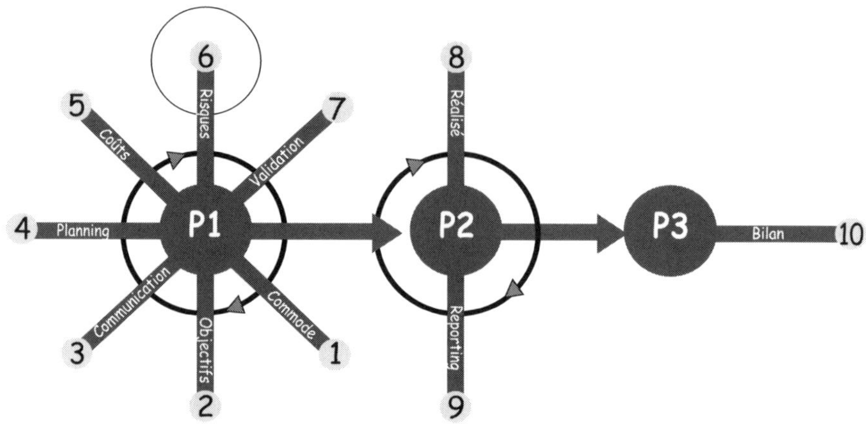

6 - Analyser les risques

• La communication à cette étape se traduit par :

- l'animation d'un groupe de travail avec les experts ;
- la présentation des risques du projet et des scénarios au commanditaire.

• Quelques conseils pour communiquer à cette étape

- L'évaluation des risques est directement dépendante de l'expérience des experts sur la typologie du projet abordée, et de la capitalisation de l'entreprise sur les projets similaires précédents.
- Là encore le chef de projet se place dans un rôle d'animateur et il devra éviter de trop intervenir dans le contenu.
- La séance d'analyse des risques doit être animée en 2 temps, une phase de brainstorming et une phase de groupe de travail.
- Dans la phase de brainstorming il est indispensable de laisser place à la créativité afin d'être le plus exhaustif possible. Sur un gros projet il est conseillé de laisser l'animation du brainstorming à un spécialiste.
- L'animation de la partie groupe de travail est plus classique et permettra de faire la classification des risques.
- La présentation des risques au commanditaire est la phase la plus délicate car le chef de projet est souvent pris comme quelqu'un de négatif qui cherche à démontrer que le projet ne va pas fonctionner comme prévu, notamment lors de la présentation des scénarios au pire ; là

encore, un peu de pédagogie vers le commanditaire est nécessaire afin de ne pas arriver à une situation de blocage.

• Les risques en cas de mauvaise communication

- Lancer des débats d'experts dans la phase de créativité.
- Générer de la part du commanditaire une mauvaise appréciation de la volonté du chef de projet à s'engager sur le projet.

Les 3 points importants

- **Faire animer le brainstorming par un professionnel dans des grands projets.**
- **Faire de la pédagogie sur les risques auprès du commanditaire avant de lui présenter les scénarios.**
- **Présenter les scénarios au pire mais ne pas oublier les scénarios au mieux.**

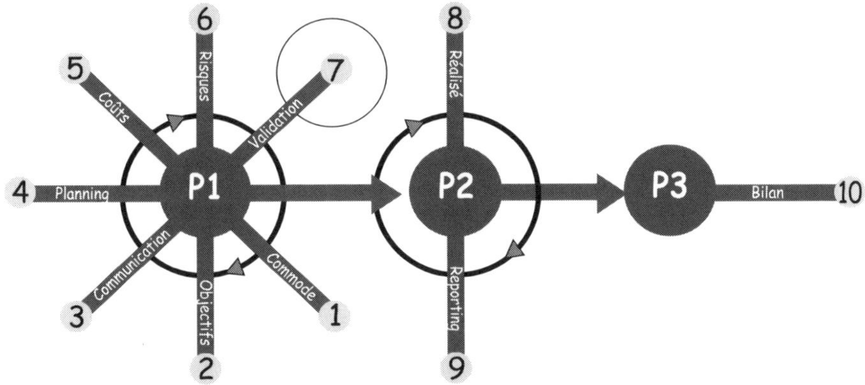

7 - Valider le cadrage du projet

• La communication à cette étape se traduit par :

- un point de négociation et de validation avec le commanditaire ;
- la communication de tous les documents aux acteurs du projet ;
- la réunion de lancement de la phase de réalisation du projet ;
- la communication sur les modes de reporting.

• Quelques conseils pour communiquer à cette étape

- L'engagement doit être mutuel entre le commanditaire et le chef de projet. Pour ce faire, il est bon de rendre officiel la validation de l'ensemble des documents du projet. Même si l'engagement est moral il doit néanmoins être tracé dans un compte rendu de réunion.

- La transmission de la dernière version de tous les documents permet de mettre au même niveau d'information tous les acteurs du projet, il ne faut écarter personne sous peine de générer des frustrations et plus tard des blocages. La transmission est plus efficace si elle se fait lors d'une réunion.
- Il est souhaitable que la réunion de lancement du projet soit animée par le commanditaire, même si c'est le chef de projet qui l'organise. Cela donne un caractère officiel au projet et permet de réaffirmer la volonté de la direction de faire avancer le projet.
- Il faut profiter de l'euphorie du lancement pour communiquer aux différentes ressources les outils de reporting ; cela génère des réticences, il faut donc rappeler quelle est leur utilité pour le projet et informer que c'est « obligatoire » de les remplir.

• Les risques en cas de mauvaise communication

- Démarrer un projet alors que tous les objectifs ne sont pas cohérents.
- Démarrer un projet avec des niveaux d'information différents.
- Démobiliser les acteurs qui seront restés sur la touche.
- Ne pas insuffler la rigueur nécessaire au suivi du projet.

Les 3 points importants

- **Être clair avec le commanditaire et refuser de commencer la fabrication si les objectifs ne sont pas cohérents.**
- **Mettre tout le monde au même niveau d'information au lancement de la réalisation.**
- **Rappeler que le mode projet c'est aussi « rendre compte » à travers le reporting.**

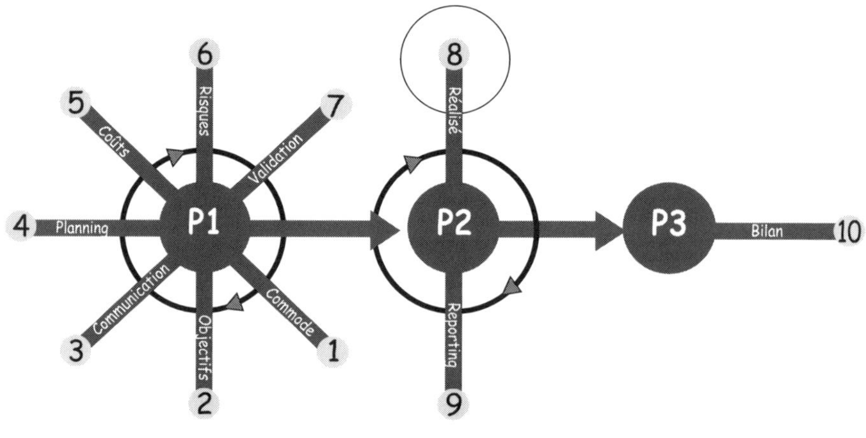

8 - Mettre à jour la planification

• La communication à cette étape se traduit par :

- demander aux différentes ressources les éléments de leur avancement ;
- échanger avec les experts pour trouver des solutions en cas de problème.

• Quelques conseils pour communiquer à cette étape

- La position du chef de projet pendant toute cette période de pilotage n'est pas confortable car il va falloir qu'il relance sans cesse les différents acteurs pour savoir ce qu'ils ont réalisé dans les tâches du planning. Cela demande de la rigueur et de la ténacité, en démontrant que l'on ne « lâchera pas le morceau », mais toujours dans le calme et le respect des personnes. Le chef de projet doit être exemplaire dans son comportement, et s'il demande de l'information cela veut dire qu'il saura aussi donner l'information qu'il détient le plus rapidement possible (reporting descendant).
- Les échanges avec les experts servent notamment à préparer les comités de pilotage pour proposer aux décideurs des solutions viables techniquement pour résoudre les problèmes de dérapages (temps et coûts) Il est nécessaire de bien positionner les experts dans leur rôle dès le départ afin qu'ils ne fassent pas d'ingérence. Ils n'ont d'ailleurs pas leur place dans les comités de pilotage. Le travail avec eux se fait dans des groupes de travail animés par le chef de projet.
- Le chef de projet doit penser à construire un planning de suivi qui puisse être communiqué à différents niveaux (opérationnels et décisionnels), et qui doit donc pouvoir avoir différents niveaux de présentation (synthétique et détaillé).

• Les risques en cas de mauvaise communication

- Ne pas obtenir les informations d'avancement, et donc ne pas pouvoir mettre à jour le planning.
- Fournir des plannings qui ne sont pas lus.

Les 3 points importants

- Expliquer pourquoi le reporting est utile dans un projet et préciser que ce n'est pas une volonté de contrôle mais de pilotage.
- Penser à ajuster la maille du planning à l'interlocuteur qui le lit.
- Se montrer tenace et tenir la distance dans la demande de reporting faite aux ressources.

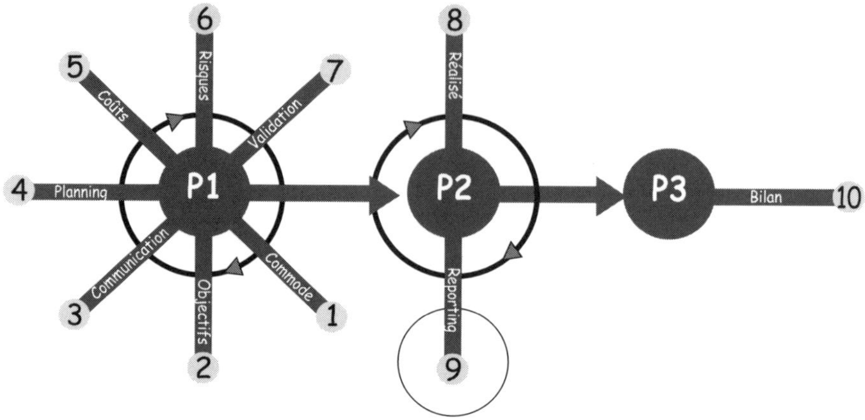

9 - Assurer le reporting

• La communication à cette étape se traduit par :

- animer les comités de pilotage ou les réunions de suivi avec le commanditaire ;
- informer les experts et les ressources des décisions prises ;
- informer les clients du projet de l'avancement des livrables ;
- maintenir la motivation de l'ensemble des acteurs.

• Quelques conseils pour communiquer à cette étape

- Le comité de pilotage est un examen périodique de l'avancement du projet sous la responsabilité du chef de projet. Ce dernier en assure l'organisation et l'animation, il est donc nécessaire que cela soit à la fois impeccablement organisé mais aussi parfaitement animé. C'est un « examen régulier » que le chef de projet passe, il est en quelque sorte testé mensuellement lors de ce comité.
- Les décisions prises par le comité de pilotage doivent donner lieu rapidement à une information descendante dans le système projet, au risque de voir les acteurs se démotiver car ils auront appris les décisions de manière non officielle avant que le chef de projet ne les informe lui-même.
- Les clients-utilisateurs, même s'ils ne sont pas directement opérationnels dans cette phase, doivent être informés de l'avancement. Le mieux est de prévoir avec eux des réunions d'information dans les étapes marquantes de fabrication du produit.

- Le maintien de la motivation des acteurs passe par la réalisation périodique de petits points, formels ou informels, pendant lesquels le chef de projet peut s'entretenir avec les acteurs pour connaître leurs opinions, leur état moral et physique.

• Les risques en cas de mauvaise communication

- Donner une image négative du chef de projet et du projet à travers le comité de pilotage.
- Bloquer l'avancement du projet par la non-communication des décisions prises en comité de pilotage.
- Démotiver les clients du projet.
- Démotiver les acteurs actifs du projet.

Les 3 points importants

- **Consacrer du temps à la préparation des comités de pilotage.**
- **Faire redescendre les décisions prises le plus rapidement possible.**
- **Écouter et informer pour continuer à maintenir la motivation.**

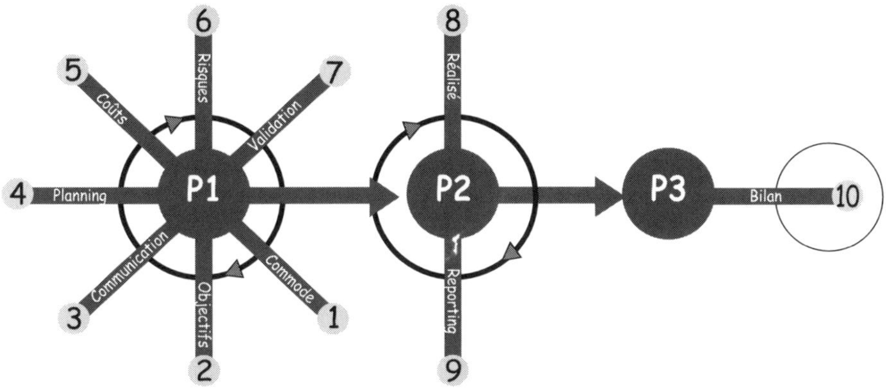

10 - Faire le bilan du projet

• La communication à cette étape se traduit par :

- animer une réunion de bilan avec les experts et certaines ressources ;
- communiquer sur le bilan du projet au reste de l'entreprise ;
- faire une clôture officielle du projet.

• Quelques conseils pour communiquer à cette étape

- La réunion de bilan ne doit pas tourner au règlement de comptes, il faut dès son début désamorcer toute tentative de vindicte. C'est au chef de projet de savoir prendre le recul nécessaire pour que cette réunion soit une réunion d'analyse. On peut terminer cette réunion par une petite manifestation amicale à définir en fonction de la taille du projet. Cette réunion doit être l'occasion de remercier ceux qui ont tout particulièrement contribué au projet.
- La capitalisation passe par le transfert d'informations. L'idéal est de pouvoir rapidement communiquer les résultats du projet aux chefs de projet susceptibles de mener un projet similaire. On peut le faire avec humour et autocritique en restant pragmatique. À ce stade le projet doit être totalement dépersonnalisé, il faut ainsi en rester aux faits sans citer les personnes concernées. Cette manifestation est beaucoup plus efficace que le simple archivage des documents sur un serveur ou dans un intranet. L'investissement pour l'organiser et l'animer est largement rentabilisé par les économies réalisées dans les autres projets.
- La clôture officielle peut être réalisée par exemple par la sortie d'un numéro spécial du journal du projet, et diffusé à toute l'entreprise si c'était un projet transversal. Il faut au minimum qu'un document officialise la fin du projet et le désengagement du chef de projet et des acteurs.

• Les risques en cas de mauvaise communication

- Avoir un bilan qui se termine par des incompréhensions, voire des conflits.
- Ne pas utiliser l'expérience acquise et reproduire les mêmes erreurs.
- Continuer à mobiliser des ressources sur un projet qui n'en finit pas.
- Générer des frustrations chez les acteurs qui n'ont, ni été remerciés, ni été félicités, malgré leur engagement.

Les 3 points importants

- **Ne pas utiliser le bilan pour régler des comptes mais pour progresser.**
- **Mettre un mot « fin » au projet en communiquant vers l'ensemble des acteurs.**
- **Remercier ceux qui se sont tout particulièrement engagés sur le projet.**

Quatrième partie

10 questionnaires de contrôle à l'usage des experts ou de ceux qui ont lu les deux premières parties

Cette partie est destinée aux experts ou à ceux qui ont lu les parties 1 et 2. Vous allez trouver une check-list de questions qui vous permettront de dérouler rapidement et efficacement l'ensemble de la méthode de gestion de projet.

Les questions sont réparties dans les 10 questionnaires méthodologiques. On considérera que le point méthodologique est validé si vous pouvez répondre « oui » à la question.

Les questions sont mises sous la forme de tableau. Vous pouvez ainsi, soit faire une copie du tableau et cocher les questions en fonction de l'avancement du projet, soit utiliser le tableau Excel qui est dans le CD-ROM et qui permet de suivre l'avancement méthodologique du projet.

Les questions peuvent être pondérées afin d'avoir un avancement personnalisé en fonction du projet.

Les questions sont réparties en 4 volets :

- Les questions incontournables qui doivent absolument être validées afin de ne prendre aucun risque sur le projet.
- Les questions importantes qui assurent un maximum de sécurité au projet.
- Les questions complémentaires qui peuvent être activées en fonction du projet que vous menez.
- Les questions qui correspondent à votre mode de fonctionnement ou à celui de votre entreprise.

Vous pouvez ainsi créer par type de projet (thèmes techniques ou métiers) votre propre check-list et ainsi entrer dans une logique de capitalisation.

Quels sont les points importants ?

Le principe de l'utilisation d'une check-list est de passer en revue de manière exhaustive toutes les questions afin de ne rien oublier. C'est au chef de projet de décider ensuite d'omettre volontairement la mise en œuvre d'actions liées à une question. La question n'est pas une contrainte mais un rappel des principales actions à accomplir.

Comment utiliser les livrables ?

Pour mettre en œuvre cette partie vous pouvez utiliser les livrables qui sont proposés dans le CD, soit modifier ces livrables pour les adapter à votre mode de fonctionnement, soit créer vos propres documents.

Ainsi, comme pour les questions, vous pouvez créer votre propre base de données de documents qui est adaptée à vos projets et à vos métiers.

Comment utiliser la liste de questions contenue dans le CD

Vous trouverez dans le CD les questions de cet ouvrage. Au fur et à mesure que vous répondrez aux questions des indicateurs rouges et verts vous donneront votre tableau de bord projet.

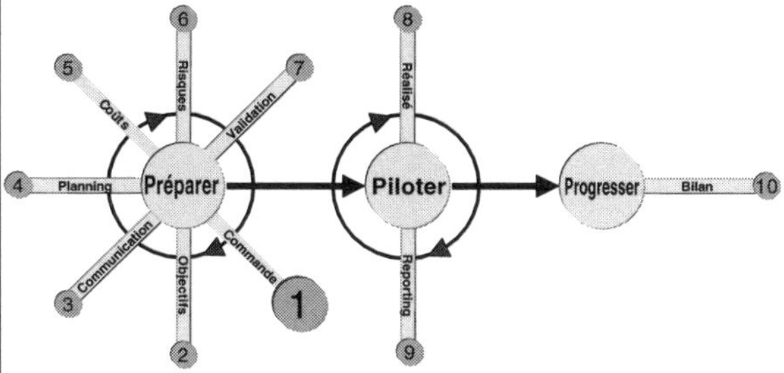

1
Formuler la demande et la présenter

Questions essentielles	Ok	Poids	Total
La faisabilité générale du projet a-t-elle été vérifiée ?			
Les objectifs sont-ils réalistes (Coût, Qualité, Temps) ?			
Le projet est-il cohérent avec la stratégie générale de l'entreprise ?			
Le projet est-il formalisé dans un document ?			
Le chef de projet est-il nommé ?			
Questions importantes	**Ok**	**Poids**	**Total**
Le projet a-t-il été présenté au chef de projet ?			
La nomination du chef de projet a-t-elle été formulée par écrit ?			
La nomination du chef de projet a-t-elle été communiquée ?			
La compréhension mutuelle, sur la définition du projet, entre le chef de projet et le commanditaire a-t-elle été validée ?			
Les résultats attendus par le commanditaire sont-ils formulés de manière concrète ?			
Questions complémentaires	**Ok**	**Poids**	**Total**
Y a-t-il eu une première ébauche de planification par le commanditaire ?			
Les ressources nécessaires à la réalisation du projet ont-elles été évaluées par le commanditaire ?			
La dépendance du projet avec d'autres projets a-t-elle été évaluée ?			
Le projet fait-il partie du schéma directeur, du projet d'entreprise ou du projet d'établissement ?			
La personne qui a présenté le projet au chef de projet est-elle le commanditaire initial ?			
Vos questions	**Ok**	**Poids**	**Total**
		Total	

Phase 1 Préparer

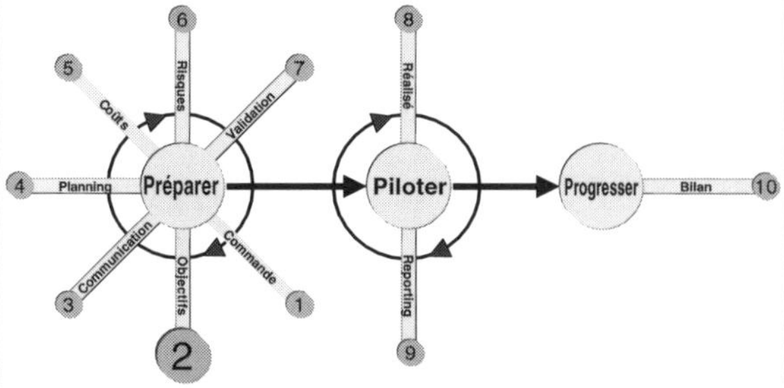

2

Mettre la commande en mode projet

Questions essentielles	Ok	Poids	Total
La commande a-t-elle été complétée par le chef de projet ?			
La reformulation par le chef de projet de la commande a-elle été validée par le commanditaire ?			
Les résultats attendus ont-il été rédigés sous la forme d'objectifs qualitatifs ?			
Les objectifs qualitatifs sont ils mesurables ?			
Le contexte humain du projet a-t-il été pris en compte ?			
Questions importantes	**Ok**	**Poids**	**Total**
Le contexte global du projet a-t-il été suffisamment défini ?			
La macro planification du projet a-t-elle été réalisée ?			
Le chef de projet connaît-il les marges de manœuvre dont il dispose sur les objectifs ?			
Les objectifs sont-ils cohérents entre eux ?			
La note de cadrage a-t-elle été rédigée par le chef de projet ?			
Questions complémentaires	**Ok**	**Poids**	**Total**
La note de cadrage a-t-elle été validée par le commanditaire ?			
Les déclencheurs du projet sont-ils identifiés ?			
Le chef de projet a-t-il récupéré tous les documents réalisés au préalable sur le projet ?			
Les principaux acteurs du projet sont-ils identifiés ?			
Le budget du projet a-t-il été réalisé ?			
Vos questions	**Ok**	**Poids**	**Total**
		Total	

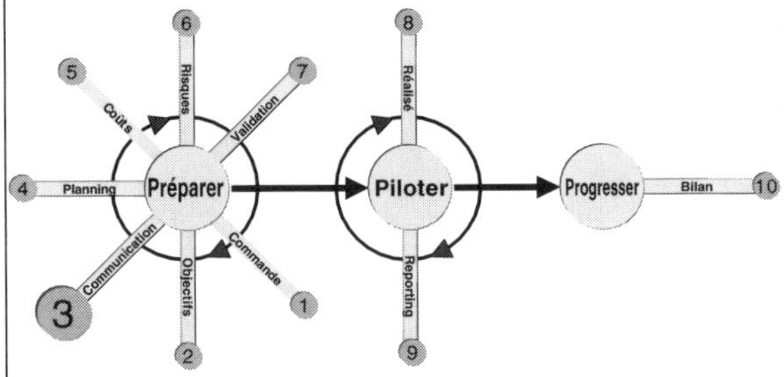

3
Définir les objectifs de communication

Questions essentielles	Ok	Poids	Total
Les souhaits du commanditaire en matière de communication ont-ils été pris en compte ?			
L'articulation entre la communication sur le projet et la communication habituelle de l'entreprise a-t-elle été validée ?			
Les cibles de la communication ont-elles été listées ?			
La communication a-t-elle été réfléchie en fonction des résultats à produire ?			
Le commanditaire a-t-il validé les propositions du chef de projet en matière de communication ?			
Questions importantes	**Ok**	**Poids**	**Total**
Les moyens de communication sont-ils en adéquation avec les objectifs à atteindre ?			
Le choix des moyens de communication est-il approprié par rapport aux acteurs impliqués dans le projet ?			
La communication promotionnelle a-t-elle été prise en compte ?			
La communication opérationnelle a-t-elle été prise en compte ?			
La communication informative a-t-elle été prise en compte ?			
Questions complémentaires	**Ok**	**Poids**	**Total**
Les coûts liés à la mise en œuvre de la communication ont-ils été évalués ?			
Les tâches liées à la mise en œuvre de la communication ont-elles été listées ?			
Le plan de communication est-il compréhensible ?			
Le plan de communication est-il réaliste par rapport aux ressources disponibles ?			
Le plan de communication a-t-il été validé par le commanditaire ?			
Vos questions	**Ok**	**Poids**	**Total**
		Total	

Phase 1
Préparer

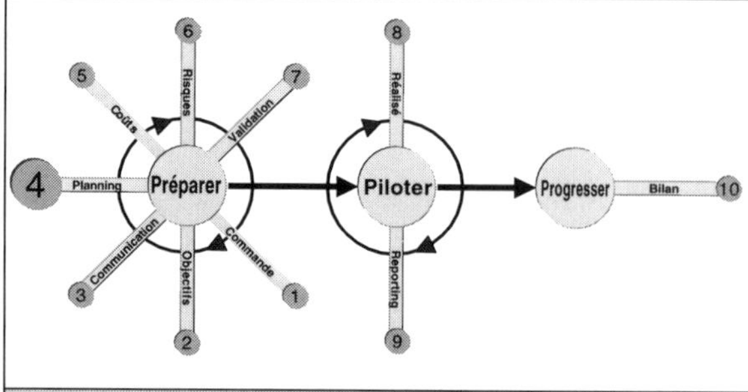

4
Construire le planning détaillé

Questions essentielles	Ok	Poids	Total
Toutes les grandes tâches du projet ont-elles été listées ?			
Chaque grande tâche a-t-elle été détaillée en actions à entreprendre ?			
La charge de chaque tâche élémentaire a-t-elle été estimée ?			
Les ressources nécessaires à l'accomplissement de chaque action élémentaire sont-elles connues ?			
L'utilisation des ressources a-t-elle été optimisée ?			

Questions importantes	Ok	Poids	Total
Le planning a-t-il été validé par le commanditaire ?			
Les experts ont-ils participé à l'élaboration du planning ?			
Les calendriers de chaque ressource ont-ils été définis ?			
Les ressources ne sont-elles pas en sur-utilisation permanente ?			
À l'achèvement du planning l'arbitrage entre les objectifs a-t-il été fait ?			

Questions complémentaires	Ok	Poids	Total
Le découpage du planning est-il homogène dans toutes les grandes tâches ?			
Le planning a-t-il été communiqué aux ressources après sa validation définitive ?			
La planification des sous-traitants a-t-elle été prévue ?			
Les livrables intermédiaires apparaissent-ils sur le planning ?			
Le planning est-il suffisamment lisible et communicable ?			

Vos questions	Ok	Poids	Total
		Total	

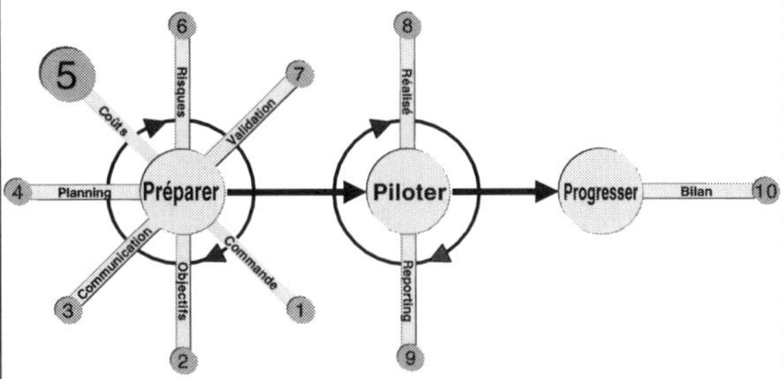

5

Chiffrer les coûts

Questions essentielles	Ok	Poids	Total
Le périmètre de consolidation des coûts est-il connu ?			
Connaît-on le coût des ressources externes ?			
Connaît-on le coût des ressources internes ?			
Le coût de chaque tâche a-t-il été calculé ?			
Le coût global du projet a-t-il été calculé ?			
Questions importantes	**Ok**	**Poids**	**Total**
Le coût des ressources internes est-il compatible avec les règles de comptabilité de l'entreprise ?			
Le coût des ressources internes est-il homogène suivant les tâches du projet ?			
La communication sur les coûts du projet a-t-elle été réfléchie et organisée avec le commanditaire ?			
Le commanditaire a-t-il validé le chiffrage des coûts ?			
Tous les coûts imputables au projet ont-ils été pris en compte ?			
Questions complémentaires	**Ok**	**Poids**	**Total**
Les coûts des sous-traitants ont-ils été comparés et vérifiés ?			
Les coûts des ressources internes sont-ils homogènes avec les autres projets de l'entreprise ?			
Les experts ont-ils validé le chiffrage des coûts ?			
Les coûts liés à un paiement ponctuel ont-ils été pris en compte ?			
La coût global du projet a-t-il été comparé aux coûts d'autres projets similaires ?			
Vos questions	**Ok**	**Poids**	**Total**
		Total	

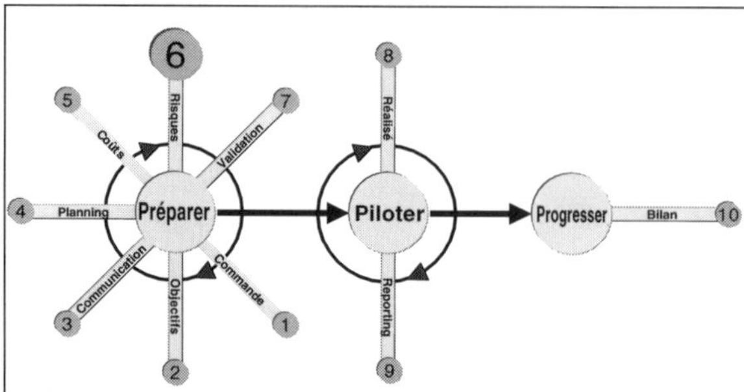

6

Analyser les risques

Questions essentielles	Ok	Poids	Total
Tous les éléments susceptibles de freiner l'atteinte des objectifs ont-ils été listés ?			
Tous les éléments susceptibles d'accélérer l'atteinte des objectifs ont-ils été listés ?			
Les actions préventives ont-elles été listées ?			
Les actions curatives ont-elles été listées ?			
Les coûts des actions préventives et curatives ont-ils été listés ?			
Questions importantes	**Ok**	**Poids**	**Total**
Le planning au pire a-t-il été construit ?			
Le planning au mieux a-t-il été construit ?			
Les plannings au pire et au mieux ont-ils été communiqués au commanditaire ?			
Compte tenu de l'analyse des risques la faisabilité du projet a-t-elle été évaluée ?			
Les scénarios ont-ils été validés par les experts ?			
Questions complémentaires	**Ok**	**Poids**	**Total**
Les risques humains ont-ils été analysés de manière exhaustive ?			
Les bilans d'autres projets ont-ils été consultés pour faire l'analyse des risques ?			
Les risques ont-ils été classifiés en fonction de l'impact, de la probabilité et de l'anticipation ?			
Le scénario au pire est-il acceptable pour l'entreprise et le commanditaire ?			
Les éléments de l'analyse des risques ont-ils été consolidés de manière exhaustive avec le planning détaillé ?			
Vos questions	**Ok**	**Poids**	**Total**
		Total	

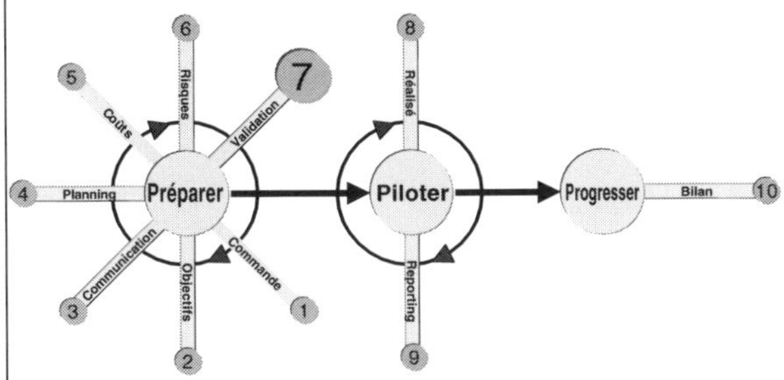

7

Valider le cadrage du projet

Questions essentielles	Ok	Poids	Total
Tous les documents projet sont-ils cohérents entre eux ?			
L'entretien avec le commanditaire a-t-il été soigneusement préparé ?			
Le projet cadré a-t-il été présenté au commanditaire ?			
Les objectifs ont-ils été négociés avec le commanditaire ?			
Les documents validés ont-ils été communiqués ?			
Questions importantes	**Ok**	**Poids**	**Total**
Le planning est-il le reflet exact du contenu de tous les autres documents projet ?			
Les documents à présenter au commanditaire sont-ils suffisamment soignés ?			
Les conclusions de l'entretien avec le commanditaire ont-elles été consignées dans un compte rendu ?			
Une communication générale avec tous les acteurs du projet sur le cadrage définitif du projet a-t-elle été organisée ?			
Tous les documents de la phase de préparation ont-ils été centralisés ?			
Questions complémentaires	**Ok**	**Poids**	**Total**
Tous les acteurs sont-ils mobilisés autour du projet ?			
Le plan de communication est-il complet et cohérent par rapport à la date de cadrage définitif du projet ?			
Les documents du cadrage ont-ils été signés par les sous-traitants ?			
Une personne a-t-elle été désignée pour gérer la documentation du projet ?			
Existe-t-il un accord entre le chef de projet et le commanditaire sur tous les éléments du projet ?			
Vos questions	**Ok**	**Poids**	**Total**
		Total	

Phase 1
Préparer

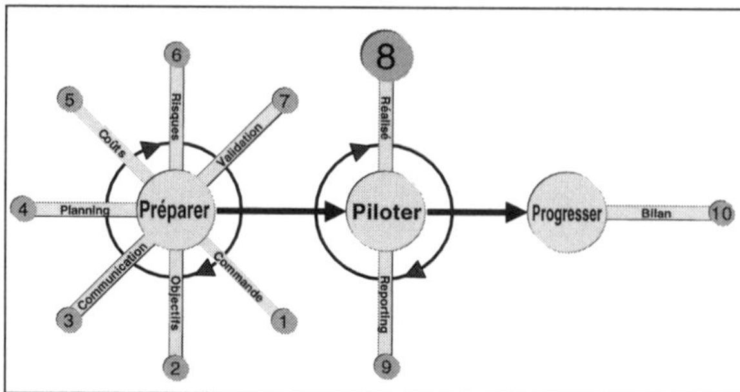

8

Mettre à jour la planification

Questions essentielles	Ok	Poids	Total
Toutes les informations sur le réalisé ont-elles été récupérées ?			
Le planning a-t-il été mis à jour ?			
Le budget a-t-il été mis à jour ?			
Les actions correctives ont-elles été listées ?			
Les actions correctives ont-elles été planifiées et chiffrées ?			
Questions importantes	**Ok**	**Poids**	**Total**
Les actions correctives ont-elles été validées par le commanditaire ?			
La nouvelle planification a-t-elle été communiquée à tous les acteurs du projet ?			
Les actions correctives ont-elles été élaborées avec les experts ?			
Un outil de planification est-il mis en œuvre pour suivre la planification ?			
Les ressources fournissent-elles des données détaillées sur l'avancement de leurs travaux ?			
Questions complémentaires	**Ok**	**Poids**	**Total**
Les ressources n'ayant pas fourni leurs données d'avancement ont-elles été relancées immédiatement ?			
Les matrices permettant le suivi de l'avancement ont-elles été communiquées à toutes les ressources ?			
Le planning est-il mis à jour de manière hebdomadaire ?			
Chaque action corrective est-elle présentée au commanditaire avec un tableau avantages-inconvénients ?			
La confidentialité de certaines informations est-elle respectée ?			
Vos questions	**Ok**	**Poids**	**Total**
		Total	

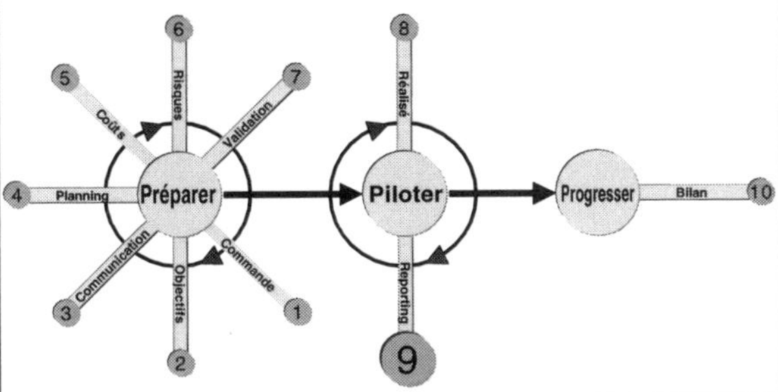

9
Assurer le reporting

Questions essentielles	Ok	Poids	Total
Tous les documents projet sont-ils à jour ?			
Les actions de reporting sont-elles suffisamment préparées ?			
Toutes les actions de reporting ont-elles été réalisées vers tous les acteurs concernés ?			
Les décisions prises ont-elles été toutes consignées dans un compte rendu ?			
Les décisions prises ont-elles été communiquées ?			
Questions importantes	**Ok**	**Poids**	**Total**
Le dossier projet et tous ses éléments est-il toujours centralisé ?			
Les actions de communication vers le commanditaire sont-elles suffisamment bien préparées en termes de forme ?			
Les réunions de reporting respectent-elles les règles de conduite de réunion ?			
Le chef de projet respecte-t-il les règles de gestion du temps ?			
Les comptes rendus de réunions sont-ils bien rédigés pendant les réunions ?			
Questions complémentaires	**Ok**	**Poids**	**Total**
Les formats des documents sont-ils respectés pour les actions de communication ?			
Le temps de préparation des réunions de reporting est-il suffisant ?			
Les décisions prises sont-elles exécutées en temps réel ?			
Les comptes rendus de réunions sont-ils suffisamment synthétiques ?			
Les moyens modernes sont-ils utilisés pour l'animation des réunions ?			
Vos questions	**Ok**	**Poids**	**Total**
		Total	

Phase 2
Piloter

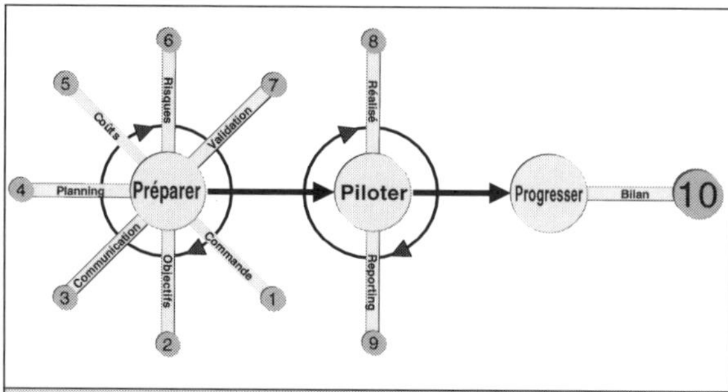

10

Faire le bilan du projet

Questions essentielles	Ok	Poids	Total
Tous les documents du projet ont-ils été rassemblés ?			
Les acteurs principaux du projet sont-ils réunis ?			
Les + et les – du projet ont-ils été analysés de manière exhaustive ?			
Un plan d'amélioration a-t-il été construit ?			
Le plan d'amélioration a-t-il été communiqué ?			
Questions importantes	**Ok**	**Poids**	**Total**
La réunion de bilan s'est-elle terminée par une petite manifestation amicale ?			
Les acteurs qui ont été particulièrement sollicités pour le projet ont-ils été remerciés en public ?			
La réunion de bilan s'est-elle bien centrée sur des faits et non sur des personnes ?			
L'archivage des documents a-t-il été organisé ?			
Une communication orale du bilan à d'autres chefs de projet a-t-elle été organisée ?			
Questions complémentaires	**Ok**	**Poids**	**Total**
Les outils informatiques de type intranet documentaire ont-ils été utilisés pour archiver les dossiers projet ?			
Le commanditaire a-t-il été impliqué dans le bilan ?			
Le commanditaire a-t-il lu la grille de bilan de projet ?			
Le chef de projet a-t-il fait un bilan individuel ?			
Le repos nécessaire pour les ressources fortement sollicitées a-t-il été organisé ?			
Vos questions	**Ok**	**Poids**	**Total**
		Total	

Conclusion

Cette conclusion permet de mettre en avant les particularités de certains projets. Elle contient donc des conseils d'utilisation de la méthode de manière générale mais aussi en fonction de l'environnement et de la typologie du projet.

Que trouverez-vous dans cette conclusion ?

Vous y trouverez des conseils touchant aux thèmes suivants :

- La bonne utilisation d'une méthode.
- Les projets avec une problématique technique.
- Les projets avec une problématique humaine.
- Les projets dans les services.
- Les projets dans l'industrie.
- La mise en place progressive de la gestion de projet.

Quels sont les points importants ?

La méthodologie de gestion de projet est finalement assez simple et sa compréhension ne pose pas vraiment de problèmes.

Toutefois la réussite passe aussi par la compréhension de l'environnement du projet aussi bien sur le plan humain que technique. La méthode peut ainsi être adaptée en fonction de la problématique à résoudre, mais aussi des acteurs qui y participent, ainsi il faudra :

- Mettre l'accent sur certaines étapes méthodologiques.
- Modifier et adapter certains documents et livrables.
- Supprimer certains documents.
- Ajouter des documents à la méthode.
- Assouplir la mise en œuvre de certains points méthodologiques.

Finalement c'est cette adaptation qui fera non seulement la réussite du projet mais aussi la satisfaction des acteurs qui auront participé au projet.
Un bon chef de projet est celui qui a réussi à comprendre la philosophie générale de la méthode et qui, dans son application, saura l'adapter à l'environnement.
Les conseils de ce chapitre sont donc particulièrement importants pour passer de « l'efficacité » à « l'efficience ».
Les gens efficaces « **font bien** » les choses, mais les gens efficients « **font bien les bonnes choses** », ils sont capables de hiérarchiser les tâches à réaliser en fonction de l'importance et de l'urgence.

Comment utiliser au mieux une méthode ?

Une méthode est un guide général qui permet d'aller d'un point à un autre sans rien oublier. Elle doit donc avant tout servir de fil rouge au chef de projet.
Le chef de projet doit évaluer à chaque étape les risques qu'encourt le projet s'il ne respecte pas l'étape. C'est donc à lui de décider de mettre en œuvre les éléments méthodologiques.
Certains utilisent les méthodes pour éviter d'accomplir les tâches. C'est-à-dire qu'ils considèrent que la méthode c'est la loi et qu'elle est incontournable. Si les étapes méthodologiques ne sont pas respectées à la lettre ils bloquent le projet.
Les managers doivent comprendre que la méthode n'est qu'un moyen et il est certain qu'au début de la mise en œuvre il faut être scolaire ; il faudra être ensuite beaucoup plus souple afin que chacun puisse mettre en œuvre une certaine créativité afin d'adapter la méthode au contexte.

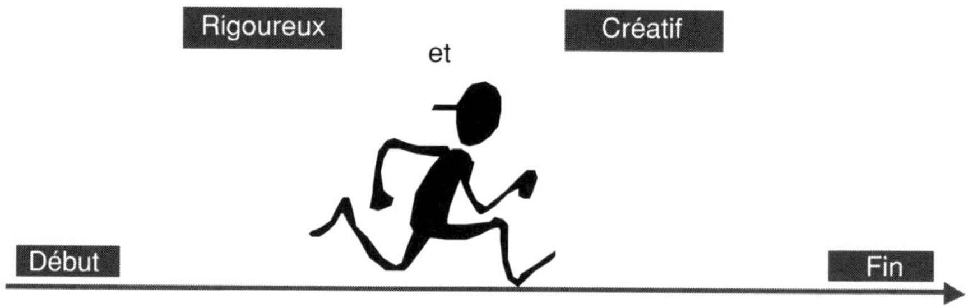

Le fil rouge du chef de projet

Il faudra donc afin de s'assurer du bon fonctionnement d'une méthode :
- Former les acteurs à la méthode.
- S'assurer qu'ils ont compris l'esprit de la gestion de projet.
- Mettre en place les moyens d'adapter la méthode.
- Appliquer dans un premier temps la méthode de manière scolaire.
- Assouplir l'utilisation de la méthode en l'adaptant au contexte et aux projets.
- Préciser les points méthodologiques incontournables et non négociables.
- Laisser aux acteurs une certaine latitude pour réaliser leur propre méthode.
- Transférer les adaptations de la méthode aux autres acteurs.
- Vérifier de manière périodique que l'esprit de la gestion de projet est conservé.

Comment utiliser la méthode selon les types de projets ?

• Les projets avec une problématique technique

Un projet avec une problématique technique est un projet où il n'y pas de barrières particulières sur le plan humain. Dans ce type de projet on considère que les acteurs adhèrent au projet et qu'ils sont globalement pour le projet.
La problématique technique peut être liée à plusieurs facteurs :
- Le projet est nouveau pour l'entreprise, elle n'a donc que peu d'expérience sur le sujet abordé.
- Le sujet abordé est totalement nouveau, par exemple dans un projet innovant.

Dans ce type de projet il faudra apporter un soin tout particulier à la planification ; en effet celle-ci permettra :
- De s'assurer que le découpage des tâches est suffisant pour avoir une maîtrise du sujet.
- Que les experts participent activement au projet, non seulement dans les étapes choisies pour arriver au résultat, mais aussi dans la coordination des étapes.
- De valider la réalité du planning par rapport aux objectifs du commanditaire.

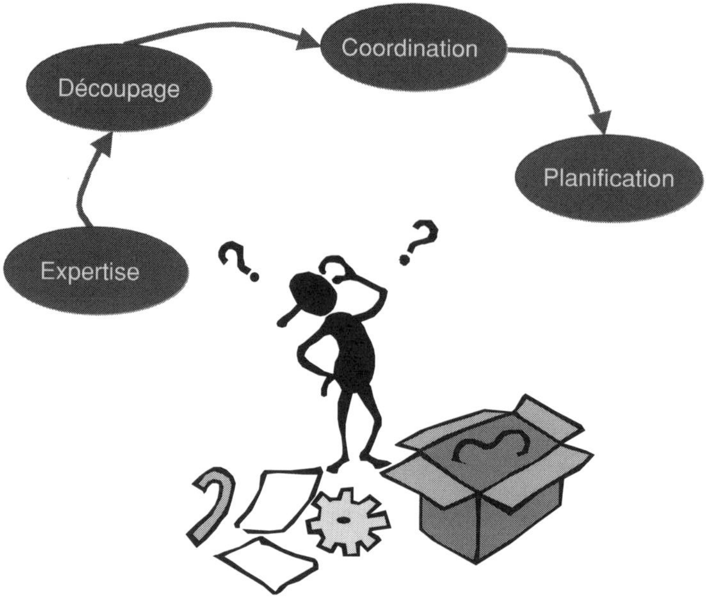

Les projets avec une problématique technique

- **Les projets avec une problématique humaine**

Un projet avec une problématique humaine est un projet qui ne pose apparemment pas de problèmes techniques particuliers mais qui comporte un environnement humain résistant.

L'environnement humain complexe et résistant peut se traduire par :

- Certains acteurs qui ne veulent pas du changement provoqué par la mise en place du projet et de son résultat.
- Certains acteurs qui ont peur des nouvelles implications de la mise en place du projet.
- Des acteurs qui ne veulent pas participer au projet.
- Des acteurs déjà surchargés et qui n'ont que peu de temps à consacrer au projet.

Dans ce type de problématique il faudra mettre l'accent sur la communication dans le projet. La mise en œuvre de cette communication nécessite un certain nombre de préalables et le respect des règles liées à cette communication.

L'organisation de la communication pourra se faire avec le canevas suivant :

- Clarifier de manière formelle et exhaustive les objectifs avant de les communiquer aux acteurs.
- Communiquer les objectifs aux acteurs et détecter les acteurs résistants.
- Détecter les « alliés » du projet.
- Construire un plan de communication en s'appuyant sur les alliés.
- Être prêt à remettre en cause le plan de communication en fonction de la réaction des acteurs.

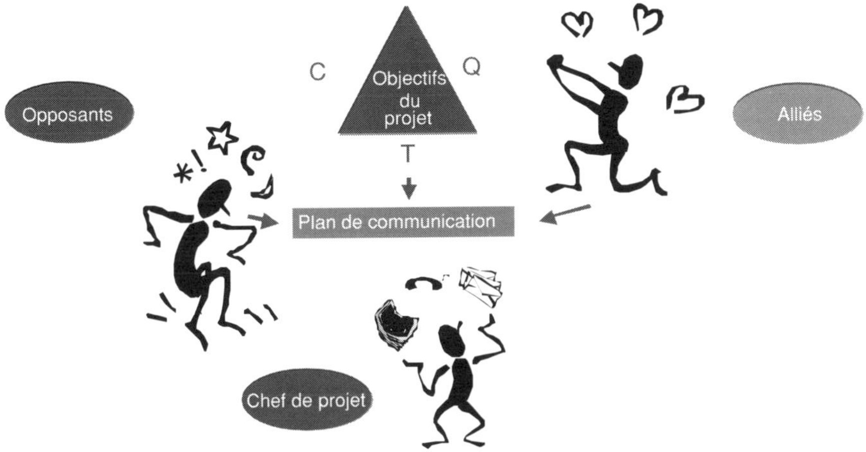

Les projets avec une problématique humaine

• Les projets dans les services

D'une manière générale les projets dans le milieu des services sont plus difficiles à manager que dans le milieu industriel.

En effet l'environnement est moins favorable à la mise en œuvre de la conduite de projets :

- Le produit du projet est plus difficile à définir et les objectifs sont souvent moins mesurables.
- Les exigences en matière de méthodes sont moins importantes et il y a une moins grande rigueur dans la construction du projet.
- Les projets sont souvent « non budgétés » tant en matière de charges qu'en matière de coûts.

Tous ces éléments font qu'il est plus difficile de mettre en œuvre toutes les techniques car les acteurs du projet sont moins habitués et enclins à la rigueur.

La principale difficulté réside dans la définition du résultat du projet. En effet lorsque le produit est par exemple une étude, la mise en place d'un logiciel ou d'une organisation, les objectifs sont souvent difficiles à définir. Quelques points méthodologiques doivent être particulièrement bien respectés :

- La définition des objectifs de qualité en utilisant autant que possible des critères mesurables.
- La mise en place d'une planification détaillée qui va permettre un calcul des charges et des coûts.
- Une définition exacte des rôles des acteurs dans l'organisation projet.
- Des tests du résultat afin de vérifier qu'il est conforme à la commande initiale.

Les projets dans les services

• Les projets dans l'industrie

Dans le milieu industriel les méthodes font partie du quotidien, il existera donc moins de difficultés à mettre en place la gestion de projet. Il faudra donc profiter de cette synergie pour aller plus vite dans la formation des acteurs et gestionnaires de projet.

Cependant certains aspects sont négligés comme la gestion des ressources humaines :

- Les ressources humaines sont quantifiées comme les ressources matérielles, alors que l'on a pas la même garantie de reproductibilité.
- Les modes de management sont parfois simplistes et uniformes alors qu'ils devraient être différenciés selon les individus.
- La communication promotionnelle est souvent « monolithique » voire parfois absente des systèmes projet.

Un travail important doit donc être réalisé sur tous les aspects humains et il faudra mettre l'accent sur les points méthodologiques suivants :

- Les échanges entre le chef de projet et le commanditaire dans la définition des objectifs et dans la phase de cadrage.
- La construction de la communication promotionnelle à travers le plan de communication.
- L'intégration de la créativité dans la manière de gérer le projet.
- Un management par le chef de projet adapté à un fonctionnement hors hiérarchie.

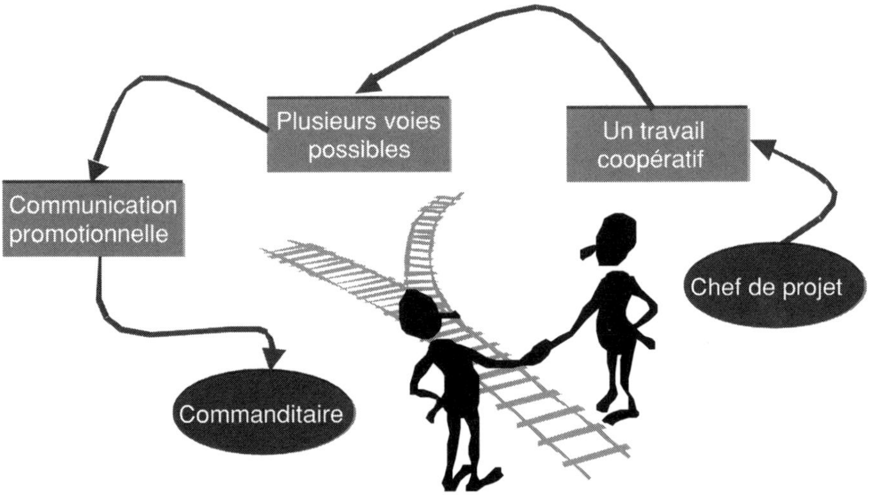

Les projets dans l'industrie

Comment conduire la mise en place progressive de la gestion de projet ?

La mise en place d'une méthode de conduite de projets peut être conduite de la manière suivante :

Étude de l'existant (acteurs internes, consultants)

- Constitution d'une équipe mixte acteurs internes/consultants
- Cadrage du projet de mise en place de la méthode
- Cartographie des méthodes existantes

Analyse externe (consultants)

- Comparaison avec les méthodes du marché
- Capitalisation sur ce qui est réutilisable directement

Diagnostic (consultants, commanditaire)

- Rédaction du diagnostic
- Rédaction des propositions d'améliorations

Rédaction du guide (consultants, acteurs internes)

- Réalisation du guide
- Validation du guide

Tutorat méthodologique (consultants, acteurs internes)

- Choix d'un projet pilote
- Accompagnement des acteurs internes par les consultants sur un projet

Formation méthode (consultants, acteurs à former)

- Rédaction des manuels de formation
- Formation à la méthode avec projet pilote comme exemple d'illustration

Mise en place outil logiciel de conduite de projet (consultants, acteurs terrain)

- Paramétrage du logiciel en fonction du guide méthodologique
- Déploiement du logiciel et formation des chefs de projet

Bilan et réajustements (consultants, commanditaire)

- Bilan du projet
- Plan d'action pour les 3 prochaines années

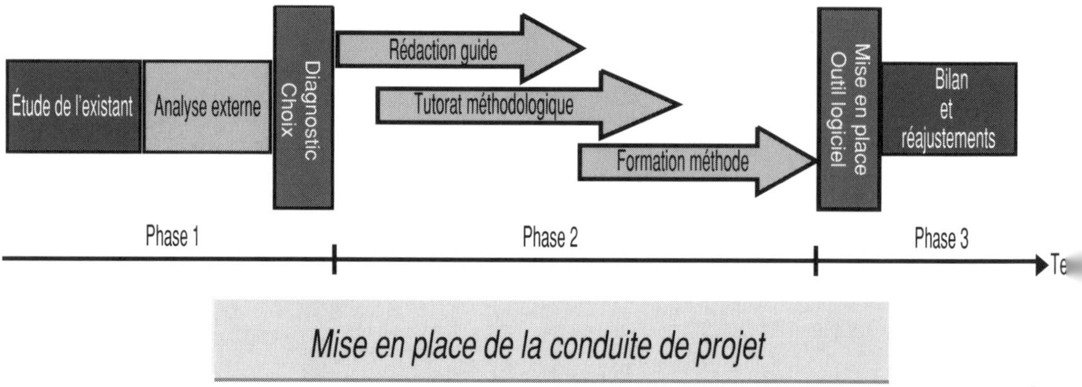

Vous pouvez donc à partir de la méthode contenue dans cet ouvrage vous constituer votre propre méthode pour conduire vos projets. N'oubliez donc pas que cela va bien au-delà de la constitution d'un guide méthodologique mais que c'est bien une action de conduite du changement.
La conduite de projet est un des vecteurs puissants du changement, il serait dommage de s'en priver d'autant plus que sa mise en place ne nécessite aucune justification particulière et s'avère particulièrement rentable.

Sortir de la logique de l'urgence !

Il ne faut pas « changer le pansement »

Il faut « penser le changement »

– Pierre DAC –

Les 15 points à retenir

1. Une méthode n'est pas une loi, c'est un fil rouge qui rappelle les points importants.
2. Un bon chef de projet peut prendre la décision de ne pas respecter certaines étapes méthodologiques en ayant évalué les risques.
3. Les projets avec une problématique technique dominante doivent être rigoureusement planifiés.
4. Dans un projet à « caractère technique » il faut s'appuyer sur les experts.
5. Les projets avec une problématique humaine dominante doivent avoir un plan de communication exhaustif et adapté aux réactions des acteurs.
6. Dans un projet à « caractère humain » le chef de projet doit identifier ses alliés et utiliser ces acteurs pour atteindre les objectifs.
7. Les projets de service doivent faire l'objet d'une évaluation des charges et des coûts exhaustifs.
8. Les objectifs qualitatifs d'un projet de service doivent être mesurables et détaillés dans un cahier des charges du résultat attendu.
9. Dans les projets industriels le management doit permettre la créativité des acteurs et la reconnaissance du travail effectué.
10. Les projets industriels doivent comporter un plan de communication détaillé et exhaustif.
11. La mise en place d'une méthodologie est un projet à part entière qui nécessite du temps et une stratégie bien définie.
12. La méthode doit être adaptée au contexte et au langage de l'entreprise qui va la mettre en œuvre.
13. Gérer un projet c'est avant tout anticiper et sortir de la logique de l'urgence pour aller vers une logique de prévision.
14. La gestion de projet est l'affaire de tous dans l'entreprise.
15. Tout le monde doit connaître et appliquer la gestion de projets.

Utilisation du CD-Rom

• Contenu du CD-Rom

Vous trouverez sur ce CD-Rom :
– **L'ensemble des livrables**, modèles de documents référencés dans ce livre.
Ces données sont répartis dans l'arborescence suivante :

Nom	Taille	Type	Modifié le
Check-list de questions		Dossier de fichiers	06/06/2002 15:39
Guide méthodologique		Dossier de fichiers	06/06/2002 15:39
Matrices pour Office 2000		Dossier de fichiers	27/05/2002 15:47
Matrices pour Office 97		Dossier de fichiers	27/05/2002 15:47

Le répertoire « Office 97 » contient toutes les matrices de documents au format Office 97.
Le répertoire « Office 2000 » contient toutes les matrices de documents au format Office 2000.
Tous les livrables sont numérotés de 1 à 10, le nom du fichier contient le nom du livrable :
Exemple : 10-Grille de bilan
La numérotation dans les noms de fichiers correspond exactement à la numérotation dans la méthode.
La liste des fichiers est la suivante :

Nom	Taille	Type	Modifié le
01-Commande du commanditaire.doc	34 Ko	Document Microsoft Word	08/04/2002 13:58
02-Note de cadrage.doc	36 Ko	Document Microsoft Word	09/04/2002 19:32
03-Plan de communication.doc	34 Ko	Document Microsoft Word	11/04/2002 18:26
04-Planning détaillé.mpp	100 Ko	Document Microsoft Project	12/04/2002 14:14
04-Planning détaillé.xls	25 Ko	Feuille de calcul Microsoft Excel	12/04/2002 10:42
05-Budget détaillé.xls	24 Ko	Feuille de calcul Microsoft Excel	12/04/2002 15:17
06-Grille d'analyse des risques.doc	43 Ko	Document Microsoft Word	17/05/2002 15:01
07-Compte rendu de réunion.doc	37 Ko	Document Microsoft Word	17/05/2002 15:06
08-Revue de projet.ppt	95 Ko	Présentation Microsoft PowerPoint	17/05/2002 17:02
09-Fiche de reporting.xls	20 Ko	Feuille de calcul Microsoft Excel	17/05/2002 18:00
10-Grille de bilan.doc	39 Ko	Document Microsoft Word	17/05/2002 18:47

– **Un mini-guide méthodologique** prêt à imprimer.
Ce mini guide réalisé sous PowerPoint vous permettra d'imprimer facilement l'intégrale synthétique de la méthode pour l'avoir sous la main.
Pour l'imprimer, vous devez l'éditer en format A4 paysage recto-verso, effectuer éventuellement un recalage en fonction de l'imprimante utilisée.

– **La check-list des 150 questions** prête à imprimer.
Cette check-list est réalisée dans Excel et vous permettra au fur et à mesure de l'avancement du projet de valider les questions en leur affectant éventuellement un poids.
La mise en œuvre de cet outil vous permettra d'avoir un mini tableau de bord de conduite de projet.

• Configuration requise

PC avec processeur Pentium, 32 Mo de RAM, système d'exploitation Microsoft Windows 98 ou supérieur.
Suite Microsoft Office 97 ou supérieur (Word, Excel, PowerPoint), complétée de Microsoft Project 98 ou supérieur.

Composition : Compo-Méca s.a.r.l.
64990 Mouguerre

Dans le cadre de sa politique de développement durable,
Jouve initie en 2007 une démarche visant à la certification ISO 14001.
Cet ouvrage est imprimé sur papiers Amber Graphic des papeteries Arctic Paper pour l'intérieur et Ensocoat des papeteries Stora Enso pour la couverture. Ces papiers sont fabriqués sur des sites papetiers certifiés ISO 14001 et enregistrés EMAS à partir de fibres d'origine de forêts gérées de manière durable.

Achevé d'imprimer Jouve Paris
N° d'éditeur : 3451
N° d'imprimeur : 447206Z
Dépôt légal : Décembre 2007

Imprimé en France